중도란
무엇인가

Beyond the Self : Teachings on the Middle Way
Copyright ⓒ 2010 by Unified Buddhist Church, Inc.
All rights reserved
No part of this book may be reproduced by any means, electronic or mechanical, or
by any information storage and retrieval system, without permission in writing from the
Unified Buddhist Church, Inc.

Korean Translation ⓒ 2013 by Sagoonja
This translation is published by arrangement with Janklow & Nesbit Associates through
Imprima Korea Agency

이 책의 한국어판 저작권은 Imprima Korea Agency를 통해
Janklow & Nesbit Associates와의 독점 계약으로 사구사에 있습니다.
저작권법에 의해 한국 내에서 보호를 받는 저작물이므로
무단전재와 무단복제를 금합니다.

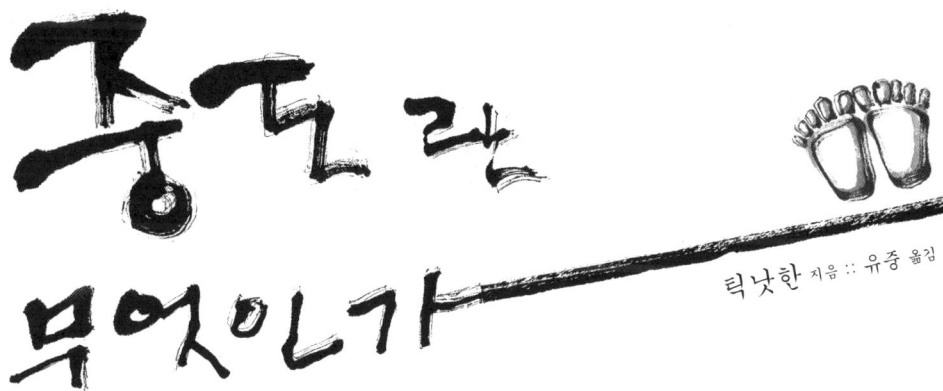

중도란 무엇인가

틱낫한 지음 :: 유중 옮김

Beyond the Self : Teachings on the Middle Way

사군자

중도란 무엇인가

초판 1쇄 인쇄 2013년 4월 20일
초판 4쇄 발행 2022년 12월 1일

지은이 틱낫한
옮긴이 유중

펴낸이 유중 | 펴낸곳 도서출판 사군자
주소 서울 마포구 동교로27길 12 동교씨티빌 201호
등록 1999년 4월 23일 제1-2484호
전화 323-2961 | 팩스 323-2962
E-mail sagoonja@netsgo.com

값 12,000원
ISBN 978-89-89751-36-6 (03150)

※ 파손된 책은 서점에서 바꿔드립니다.

옮긴이의 글

이 책을 번역하기 전에 세 번을 읽었다. 어느 때는 지하철에서, 어느 때는 나무 아래 앉아서, 어느 때는 산 중턱에 걸터앉아서 읽기도 했다. 그런데 그때마다 처음에도 좋았고, 중간에도 좋았고, 마지막에도 좋았다.

어느 한 책을 세 번씩 읽은 적도 드물지만, 이 책은 읽을 때마다 늘 마음에 와 닿았다. 그 후 나는 이 작은 책을 늘 지니고 다녔다(원서는 손바닥만한 작은 책이다).

지난 해 4월, 지리산 둘레길에서 도법 스님을 만났다. 처음 뵈었지만, 남달라 보였다. 그때 나는 이 책을 보여주었고, 스님께서는 기억하실지 모르겠지만 이 책에 자신이 좋아하는 이런 문구를 적어주었다.

꽃은 향기로 비우고 충만하며
나비는 춤으로 비우고 충만하네

그 후 나는 이 책을 다른 사람들과도 함께 나누고 싶었다. 그래서 이 책을 출판하기로 하고, 틈틈이 번역을 시작하였다.

이 책의 한글 제목은 '중도란 무엇인가?'이다. 중도는 우리가 흔히 말하는 변증법적 유물론도 아니고 이분법적 견해의 그 중간도 아니다. '너와 나', '선과 악', '옳고 그름', '진보와 보수'와 같은 이분법적 견해에 얽매이거나, 그 두 개의 견해를 알맞게 절충하거나, 아니면 두 개의 견해 사이의 그 중간을 의미하는 것도 아니다. 또 중도는 단순히 극단적인 길을 피하고 어느 쪽에도 치우치지 않는다는 것을 의미하는 것도 아니다. 중도는 이런 이분법적 사고를 넘어서는 것이다.

중도는 '바른 견해'이고, '바른 생각'이다. 중도는 우선 '바르다'라는 전제가 필요하다. 그리고 '바르다'라는 것은 이 세상의 모든 사물과 현상을 있는 그대로 바라보는 것이다. 사실을 사실 그대로 바라보는 것이 바른 것이다. 자신의 생각이나 관념이나 가치관에 따라 사실을 달리 보거나 해석하는 것은 '바르다'고 할 수 없다.

그럼 사실은 무엇일까? 이 세상의 모든 존재는 무상無常하고, 인과 연에 따라 생겨났다 사라지는 '연기적 존재' 혹은 '상호 의존적 존재'라는 것이다. 이 세상에는 홀로 존재할 수 있는 개체는 없다. 당신은 당신의 부모, 조상들 없이 존재할 수 없고, 음식, 물, 공기, 지구 그리고 우주의 어느 것 하나라도 없이 존재할 수 없다. 한 송이 꽃도 한 조각 구름도 마찬가지이다. 이것이 있는 그대로의 참모습이다. 이것이 '바른 견해'이다. '바른 생각'도 우리 인간을 포함하여 모든 것이 상호 의존적인 존재라는 사실을 기억하고, 이를 바탕으로 사유하는 것이다. 이것을 깨닫게 되면, 자신의 생각이나 관념이나 견해를 버릴 수 있다.

예를 들면, '나와 너'가 다르지 않고, '너와 꽃'이 다르지 않고, '꽃과 돌'이 다르지 않고, '돌과 집'이 다르지 않고, '집과 별'이 다르지 않고, '별과 연꽃'이 다르지 않고, '연꽃과 나'가 다르지 않다는 것을 깨닫게 된다.

이 세상의 모든 사물과 현상은 무상하다. 이 세상의 어떤 것도 영원히 변하지 않는 것은 없다. 영원히 변하지 않는 자아도 없다. 무상은 무아無我이기도 하다. 무상, 무아, 괴로운 것이 인생의 '있는 그대로의 모습'이며, 연기하고 있는 이 세계가 '있는 그대로의 모습'이다.

그러나 무상하기 때문에 어린아이가 자라서 소녀가 될 수 있고, 씨앗이 자라서 나무가 될 수 있다. 무아이기 때문에 우리는 자유인이 될 수 있다. 이것을 깨닫게 되면, 자신의 생각이나 관념이나 견해에 집착하지 않게 된다.

'무소유'가 자신이 소유한 것을 하나씩 버리는 것이라면, '중도'는 자신이 지니고 있는 견해들을 하나씩 버리는 것이다.

비우면 채워진다. "꽃은 향기로 비우고 충만하며, 나비는 춤으로 비우고 충만하네"라고 하듯이, 자신이 가지고 있는 생각이나 관념이나 견해들을 다 비우면, 하나의 견해도 남지 않게 된다. '바른 견해'와 '바른 생각'으로 가득 차게 된다. 그때 우리는 자아에 집착하지 않고 중도의 길을 걸을 수 있다.

견해를 버리는 것은 자아를 버리는 것이다. 세상의 모든 탐욕과 괴로움은 자아에 집착하고, 자아를 고집하고, 자신의 생각에 집착하고, 생존에 집착하는 것으로부터 비롯된다. 중도는 바로 이런 관념들로부터 벗어나 자유로 나아가는 길이다.

끝으로 이 책의 원고를 읽고 추천의 글을 써 주신 혜민 스님께 깊은 감사를 드리며, 그림과 디자인과 원고 검토를 해주신 모든 분들에게 감사를 드립니다.

차례

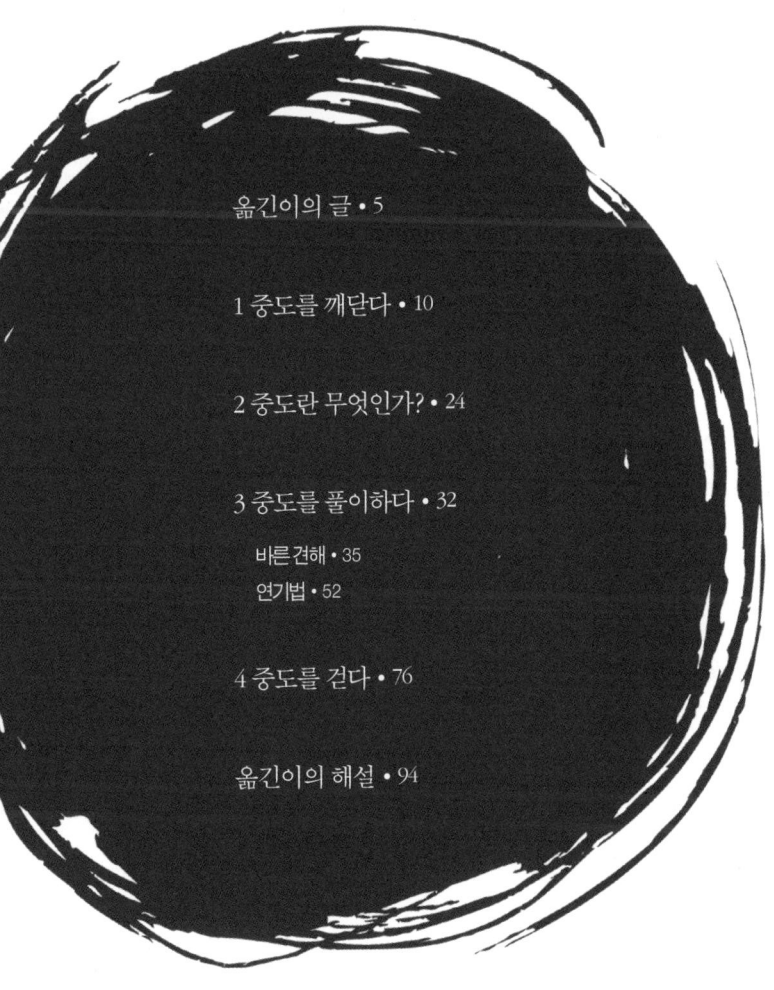

옮긴이의 글 • 5

1 중도를 깨닫다 • 10

2 중도란 무엇인가? • 24

3 중도를 풀이하다 • 32
   바른 견해 • 35
   연기법 • 52

4 중도를 걷다 • 76

옮긴이의 해설 • 94

1

중도를
깨닫다

Introduction : Discovering the Middle Way

1

중도를
깨닫다

 붓다가 보리수 아래에서 깨달음을 얻은 아침, 그는 놀라움을 발견했다. 그날 그는 밤새 내내 명상에 잠겨 있었다. 이른 새벽, 그가 샛별을 바라본 순간이었다. 그가 세상에 말했다.

 얼마나 놀라운가! 모든 중생이 깨달음을 얻고, 이해하고, 사랑할 수 있는 능력을 지녔구나. 다만 아직 고통의 바다에서 떠올랐다가 잠겼다를 반복하는 윤회의 생을 이어가고 있구나.[1]

그가 붓다 – 깨달음을 얻은 자 – 가 되기 전, 싯다르타 태자는 깨달음을 얻고 싶은 강렬한 의지가 있었다. 수행을 하는 동안, 그는 정신과 육체를 억누르기 위하여 온 마음을 다해 노력하였다. 그는 고행과 극단적인 금욕 생활로 거의 죽음에 이르렀다. 결국 그는 육체와 정신을 억압하는 수행으로는 깨달음에 도움이 안 된다는 것을 알았다. 그는 고행도 아니고 감각적 쾌락을 탐닉하는 것도 아닌 길, 즉 '중도'를 받아들였다.[2]

싯다르타가 깨달음을 얻고 붓다가 된 후, 곧바로 그는 자신이 깨달은 것을 함께 나누고 싶었다. 그의 최초의 법문[3]은 지난날 금욕적인 고행을 할 때 함께 수행한 다섯 명의 비구에게 전해졌다. 그가 말했다.

형제들이여, 수행자가 피해야 할 두 가지 극단적인 길이 있다. 하나는 감각적 쾌락에 빠지는 것이고, 다른 하나는 육체적 욕구를 억압하는 고행을 통한 수행이다. 둘 다 이런 극단적인 방법으로는 깨달음에 이르지 못한다. 내가 발견한 길은 '중도'이다. 중도는 이런 극단적인 길을 피하고, 사람들로 하여금 이해심, 자유 그리고 평화에 이르게 한다.

그리고 중도에 이르는 '여덟 가지 바른 길'이 있다. '바른 견해', '바른 생각', '바른 말', '바른 행동', '바른 생활', '바른 노력', '바른 마음챙김', '바른 집중'이다. 나는 이 '여덟 가지 바른 길'을 쫓아 이해심, 자유 그리고 평화를 이루었다.

형제들이여, 이 길을 왜 바른 길이라고 하는가? 그것은 고통을 회피하거나 혹은 고통을 부인하지 않고 고통과 직접 대면하여 고통을 극복할 수 있는 방편이 되기 때문이다. 그것이 내가 바른 길이라고 말하는 것이다. '여덟 가지 바른 길'은 깨어 있는 삶을 살아가는 길이다.

붓다는 그의 최초의 법문에서 '중도中道', '네 가지 성스러운 진리四聖諦'[4], 그리고 '여덟 가지 바른 길八正道'[5]에 대해 이야기하였다. 그리고 이 가르침들은 그가 열반에 들 때까지 계속된다.

붓다가 세상에 나타났을 때, 그것은 혁명적인 큰 사건이었다. 그는 영원한 것은 아무 것도 없고 변할 수밖에 없다고 가르쳤으며, 우리가 소위 말하는 '자아' 혹은 '자성'이라고 부르는 것도 존재하지 않는다고 가르쳤다.

'자아'가 존재하지 않는다는 붓다의 가르침은 그 당시 인도에 퍼져 있던 철학과 종교와는 정면으로 배치되는 것이었다. 붓다의 가르침은 강력한 반발을 불러일으켰다.[6] 힌두교는 개인마다 자아(我 : atman)를 가지고 있으며, 자아는 영원하고, 대자아, 즉 범(梵 : brahman)의 일부라고 믿고 있었다.

붓다가 살아있는 동안, 그의 가르침은 명쾌하고 영향력이 있었다. 그러나 붓다가 열반에 든 후, 붓다의 제자들은 힌두교의 지속적인 공격에 대응하기 위하여 자신들의 교리를 개발해야만 했다. 때때로 그들은 붓다의 원래 가르침과는 거리가 먼 새로운 이론을 가져왔다. 그 결과 다양한 종파의 불교가 나타났고, 힌두 학자와 이런 다양한 종파의 불교 학자들이 서로 공격하고 반박하면서 일진일퇴를 거듭하는 논쟁을 벌였다.

2세기, 불교 학자 나가르주나가 '중도'에 대한 붓다의 가르침을 해설한 《중론中論》이란 책을 썼는데, 이는 붓다의 가르침을 또렷이 드러내어 원래의 가르침으로 되돌아가려는 노력이었다.[7]

그는 '중도'에 대한 해설서인 이 경전에서 불교의 핵심인 '바른 견해'에 대한 개념을 이렇게 말하고 있다.

'바른 견해'는 열린 마음을 갖는 것이고, 극단적인 시각과 이분법적 사고에서 벗어나, 만물의 본성은 상호 의존적이고 서로 인과 연에 의해 생성된다는 '연기법'을 따르는 것이다.

그리고 그는 이 경전에서 '바른 견해'라는 용어를 이분법적 사고를 초월한 견해라고 말하면서, 또한 세속의 견해에 사로잡히지 않는다는 의미로도 사용하고 있다. 세속의 견해는 눈에 보이는 사물의 겉모습에 얽매이는 견해이고, 많은 사람들이 이런 견해에 익숙해 이는 마치 벗겨내기 어려운 족쇄와 같다고 한다.

《금강경金剛經》[8]을 보면, 이러한 세속적인 관념에 대하여 네 가지를 이야기한 붓다의 가르침이 있다. 우리의 모든 견해와 인식은 바로 이 네 가지 관념으로부터 영향을 받은 것으로, 이러한 네 가지 관념은 버려야 할 것들이다.[9]

우리가 버려야 할 첫 번째 관념은 '자아'에 대한 관념이다. 우리는 자신의 생김새나 육체를 바라보며 '나는 이 몸이다', '이 몸이 나다', '이 몸은 나의 것이다', 혹은 '그것은 나의 것이다'라는 생각을 한다. 우리가 이렇게 말하는 것은 '나는 존재한다'라는 관념이 지배하고 있기 때문이다. 그러나 정확히 말하면, '나는 연기적으로 존재한다'라고 말하는 게

맞다. 이것이 상호 의존적 관계라는 측면에서 보다 진리에 가깝다. 이 세상에는 홀로 존재할 수 있는 개체는 없다. 당신은 당신의 부모, 조상들 없이 존재할 수 없고, 음식, 물, 공기, 지구 그리고 우주의 어느 것 하나라도 없이 존재할 수 없다. 실제 사물의 본성을 유심히 들여다보면, '나' 혹은 '나는 ~이다' 라는 관념을 버릴 수 있다.[10]

《금강경》에서 가르치고 있는 우리가 버려야 할 두 번째 관념은 '인간'에 대한 관념이다. 우리가 인간을 들여다보면, 그 속에서 동물의 원형들을 보게 되고, 식물과 광물의 원형들을 보게 된다. 인간은 비인간의 요소들로 이루어져 있다. 만약 우리가 인간이 아닌 요소들을 빼낸다면, 인간은 더 이상 존재하지 않는다. 이것은 오늘날 우리가 말하는 심층생태론, 즉 생태계 보호에 관한 가장 오래된 가르침이기도 하다.[11] 인간을 보호하기 위해서 인간이 아닌 것을 보호해야 한다. 인간과 자연을 구분 짓는 것은 잘못된 견해이다.

우리가 버려야 할 세 번째 관념은 '생물'에 대한 관념이다. 즉 '생명이 있는 것'과 '생명이 없는 것'이라는 관념에 따라 우리는 생물과 무생물을 구분 짓는다. 우리는 인간과 동물은 식물과 광물과는 다르다고 구분 짓는다. 그러나 생물을 유심히 들여다보면, 그 속에서 우리가 무생물이라고 부르는 식물, 광물과 같은 요소들을 보게 된다. 당신은 식물과 광물들 역시 살아있다는 것을 볼 수 있다. 깊은 명상을 해보면, 생물과 소위 무생물을 구별 지을 수 있는 진짜 경계는 없다는 것을 알게 된다.

우리가 버려야 할 네 번째 관념은 '목숨', 즉 '삶과 죽음'에 대한 관념이다. 우리는 시간의 어느 한 시점에서 태어나 또 다른 어느 한 시점에서 죽는 존재라고 믿는다. 그리고 그 사이를 우리가 사는 수명이라고 한다. 대부분의 사람들은 이 지구상에서 70, 80, 90, 100년을 살다가 떠날 거라고 믿는다. 그러나 우리가 깊이 생각해보면, 이것은 잘못된 인식이라는 것을 알게 된다. 우리의 마음속에는 태어나는 것은 '무無'로부터 무엇인가가 된다는 것을 의미한다. 또 죽는다는 것은 무언가로부터 '무無'가 된다는 것을 의미한다. 혹은 누군가였던 자가 아무도 아닌 자가 된다는 것이다.

그러나 한 조각의 구름도 태어날 수 없다. 구름은 강이나 바다의 물로부터 생긴 것이고, 먼지와 태양열의 작용이 더해져 구름이 생긴 것이다. 구름은 결코 죽을 수 없다. 구름은 다만 비가 되거나 눈이 될 수는 있다. 한 장의 종이도 태어날 수 없다. 종이는 나무, 태양, 구름, 나무꾼, 제지공장의 노동자에 의해 생겨난다. 우리가 종이 한 장을 태우면, 종이는 열, 재, 연기로 바뀌게 된다. 종이가 무로 돌아갈 수는 없다. 태어남과 죽음은 실제 적용될 수 없는 관념들이다.

우리가 갖는 두려움, 분별심[12], 괴로움은 바로 이러한 네 가지 관념으로 인해 생겨난다. 이러한 관념들이 잘못된 견해라는 것을 깨달을 때, 비로소 우리는 무명과 고통으로부터 벗어나 더 이상 우리가 잘못된 견해 때문에 겪게 되는 고통을 겪지 않게 된다. 우리가 '자아', '인간', '생물'이라는 관념이나 '삶과 죽음'에 대한 관념에 사로잡히는 것은 '연기법 緣起法'을 깨닫지 못했기 때문이다. 우리가 삶과 죽음에 대한 관념에 사로잡히게 되면, 나의 목숨은 일정한 시간 동안 살다가 죽는 것이라고 생각한다. 그리고 다음과 같은 질문을 하기 시작한다.

"과거에 나는 존재했을까?" "과거에 나는 무엇이었을까?" "내가 죽으면, 여전히 어느 곳에 존재하는 걸까?" "그곳에 존재한다면, 나는 무엇이 되는 걸까?"[13]

이러한 질문들은 우리가 '자아', '인간', '생물'이라는 관념과 '삶과 죽음'에 대한 관념에 사로잡혀 있을 때 일어나는 질문들이다.

산스크리트어 쁘라띠쨔 사뭇빠다(pratitya samutpada : pratitya는 '의존하다', samutpada는 '생겨나다'의 뜻)는 "의존적으로, 사물이 생기다", 즉 '연기緣起'를 의미한다. 쁘라띠짜 사뭇빠다는 때때로 '인과법칙'으로 불리기도 한다. 그러나 인과법칙은 우리가 보통 원인과 결과를 개별적인 실체로 생각하기 쉽기 때문에 왜곡될 수 있다. 즉 원인이 항상 결과보다 앞서 일어나고, 하나의 원인이 하나의 결과를 낳는다고 생각하기 쉽기 때문이다. 연기법의 가르침에 따르면, 인과는 함께 일어나고, 어떤 인과든 수많은 원인들과 조건들이 모여 이루어진다.

책상 하나가 존재하기 위해서는 나무, 목수, 시간, 기술, 그리고 다른 많은 원인들이 필요하다. 이런 하나하나의 원인들은 또 다른 원인들의 존재가 필요하다. 나무는 숲, 햇빛, 비 등 기타 원인들이 필요하다. 목수는 자신의 부모, 아침 식사, 신선한 공기 등 기타 원인들이 필요하다. 그리고 이러한 것들은 또다시 다른 조건들이 갖춰져야만 한다. 만약 우리가 이런 방식으로 계속해서 바라본다면, 이 세상에 책상 하나가 존재하기 위해 필요한 온갖 원인들 가운데 뺄 수 있는 것은 아무 것도 남지 않게 된다. 즉 우주의 모든 것이 함께 모여 우리에게 책상을 가져다 준 것이다.

햇빛, 나뭇잎들, 구름들을 유심히 바라보면, 그 속에서 책상을 볼 수 있다. 하나를 모든 것에서 볼 수 있고, 모든 것을 하나에서 볼 수 있다.[14] 하나의 결과를 낳는데, 하나의 원인으로는 결코 충분하지 않다. 하나의 원인이 동시에 하나의 결과이고, 그리고 모든 결과가 또한 다른 모든 것의 원인이다. 인과는 연기적이다. 원인과 결과가 서로서로 일으킨다. 맨 '처음'이라는 생각이나, 혹은 하나의 원인도 필요하지 않고 그 자체가 '유일한 원인'이 되어 무언가가 존재할 수 있다는 생각은 잘못이다.

우리가 이러한 가르침을 잊고, 생각에 집착하고, 그리고 사물에 집착하면서, 또 그것들이 독립적이고 영원하다고 믿을 때, 우리에게 어려움들이 생기게 된다. 모든 만물은 상호의존관계라는 본질을 받아들이고, 모든 극단을 버릴 때, 비로소 우리는 더욱더 평화롭고, 기쁨이 가득 찬 삶의 길을 걸을 수 있다.

'바른 견해'는 열린 마음을 갖는 것이고, 극단적인 시각과 이분법적 사고에서 벗어나, 만물의 본성은 상호 의존적이고 서로 인과 연에 의해 생성된다는 '연기법'을 따르는 것이다.

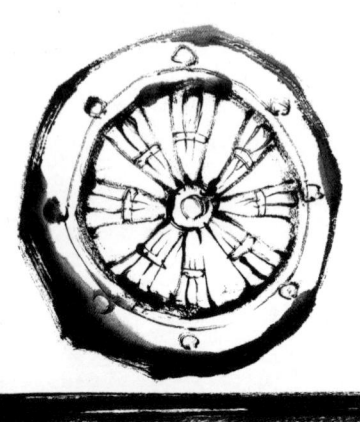

2

경전에서 말하는 중도란 무엇인가?

The Sutra on the Middle Way

2

경전에서
말하는
중도란 무엇인가?

나는 이와 같이 들었다.

붓다가 날라(Nala : 나리那梨) 마을의 숲속 사원에 머무르고 있을 때였다. 그때 카차야나(Kaccayana : 가전연迦旃延)[1] 존자가 붓다를 찾아와 물었다.

"타타가타(Tathagata : 여래如來)[2]께서 '바른 견해'를 말씀하셨는데, 여래께서는 어떻게 '바른 견해'를 말씀하셨나요?"

붓다가 카차야나 존자에게 말하였다.

"세상 사람들은 두 개의 견해 중에 하나만을 믿는 경향이 있다. 예를 들어 '유有 아니면 무無'라는 견해이다. 그것은 세상 사람들이 잘못된 인식에 얽매어 있기 때문이다. 잘못된 인식이 '유有 혹은 무無'와 같은 개념들을 낳는다.

　카차야나야, 대부분의 사람들은 분별심과 편애, 집착과 애착 같은 정신적 의지[3]에 얽매인다. 집착과 애착과 같은 정신적 의지로부터 자유로운 사람들은 더 이상 자아를 고집하거나 상상하지 않는다. 예를 들어 그들은 괴로움도 그 원인들이 있기 때문에 괴로움이 생기는 것이고, 그 원인들이 소멸하면 괴로움도 사라진다는 것을 이해한다. 더 이상 그들은 미혹에 빠지지 않는다. 깨달음은 다른 사람들을 의지하여 얻어지는 것이 아니다. 그것은 자신의 통찰력에 의해 스스로 깨닫는 것이다. 이런 통찰력을 '바른 견해'라고 말한다. 이것이 여래가 말한 '바른 견해'이다.

　어떻게 그렇게 될 수 있을까? 세상에 '나타나는 것들을' 통찰력을 통해 바르게 관찰하는 사람은 그 마음속에 '없다無'는 생각이 일어나지 않는다. 세상에 '사라지는 것들을' 통찰력을 통해 바르게 관찰하는 사람은 그 마음속에 '있다有'는 생각이 일어나지 않는다.

　카차야나야, 세상을 '유'라고 보는 것은 극단적인 견해이다. 세상을 '무'라고 보는 것도 극단적인 견해이다. 여래는 이 두 가지 극단을 피하고 '중도'에 의지해서 법(法 :

Dharma)[4]을 말한다.

'중도'는 '그것이 있기 때문에 이것이 있다', '그것이 없기 때문에 이것이 없다'라고 말한다.

무명(無明 : 무지 혹은 어리석음)이 있기 때문에 충동이 있고, 충동이 있기 때문에 의식이 있고, 의식이 있기 때문에 명색(名色 : 정신과 물질)이 있고, 명색이 있기 때문에 여섯 가지 감각기관(안眼, 이耳, 비鼻, 설舌, 신身, 의意)[5]이 있고, 여섯 가지 감각기관이 있기 때문에 접촉이 있고, 접촉이 있기 때문에 감정이 있고, 감정이 있기 때문에 갈망이 있고, 갈망이 있기 때문에 집착이 있고, 집착이 있기 때문에 생성이 있고, 생성이 있기 때문에 태어남이 있고, 태어남이 있기 때문에 늙음, 죽음, 고통, 슬픔이 있다. 이 세상의 모든 괴로움은 이렇게 일어난다.

그러나 무명이 사라지면 충동이 소멸하고, 충동이 사라지면 의식이 소멸하고, 의식이 사라지면 명색이 소멸하고, 명색이 사라지면 여섯 가지 감각기관이 소멸하고, 여섯 가지 감각기관이 사라지면 접촉이 소멸하고, 접촉이 사라지면 감정이 소멸하고, 감정이 사라지면 갈망이 소멸하고, 갈망이 사라지면 집착이 소멸하고, 집착이 사라지면 생성이 소멸하고, 생성이 사라지면 태어남이 소멸하고, 결국 늙음, 죽음,

고통, 슬픔이 사라질 것이다. 이 세상의 모든 괴로움이 이렇게 사라진다."[6]

붓다의 가르침을 듣고 난 후, 카차야나 존자는 깨달음을 얻었고 슬픔에서 해방되었다. 그는 모든 번뇌에서 해탈하여 아라한을 얻었다.

—잡아함경 301(Samyukta Agama 301)[7]

'중도'는 '그것이 있기 때문에 이것이 있다', '그것이 없기 때문에 이것이 없다'라고 말한다.

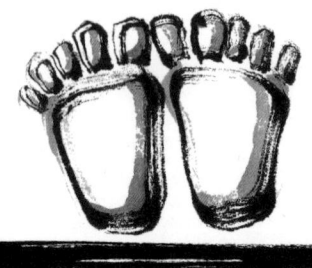

3

경전 해설 : 경전의 중도를 풀이하다
Commentary on the Sutra

3

경전 해설 :
경전의 중도를
풀이하다

바른 견해

이 경전에서 우리가 배운 '바른 견해'는 '중도'라는 관점에서이다. '중도'는 '존재한다' 혹은 '존재하지 않는다'와 같은 한 쌍의 상반되는 이분법적 사고에 사로잡히지 않는 것을 의미한다.

'중도'는 '존재한다'와 '존재하지 않는다'라는 생각 둘다 가능하다거나, 혹은 '중도'는 그 둘 사이의 중간의 길을 걷는 것이라는 의미로 잘못 해석될 수 있다.[1] 그러나 사실은 '중도'는 '존재한다' 혹은 '존재하지 않는다'와 같은 이분법적 사고는 우리가 넘어서야 할 관념들이라는 것을 의미한다. 이런 '바른 견해'에 이를 수 있는 우리의 통찰력은 연기적 존재에 비추어 관찰할 때 얻을 수 있다.

나는 이와 같이 들었다. 붓다가 날라 마을의 숲속 사원에 머무르고 있을 때였다.

중국어 경전에서는 붓다가 마가다국의 날라에서 이 법을 설하셨다고 말하고, 팔리어 경전에서는 코살라국의 사바티(Savatthi : 코살라국의 수도 슈라바스티Shravasti)에서 이 법을 설하셨다고 한다. 마가다국과 코살라국은 갠지스 강 유역의 고대왕국들이다.[2]

그때 카차야나 존자가 붓다를 찾아와 물었다.
"여래께서 '바른 견해'를 말씀하셨는데, 여래께서는 어떻게 '바른 견해'를 말하셨나요?"

카차야나 존자는 붓다의 제자들 가운데 뛰어난 제자였다. 그가 '바른 견해'에 대해 질문을 하자, 붓다는 중도를 말함으로써 그 질문의 답을 대신한다. 중도는 극단적인 견해와 이분법적 사고를 피하는 것이다.

우리는 잘못된 견해로 인해 잘못된 인식을 하게 되고, 잘못된 인식은 두려움, 화, 분별심, 절망과 같은 모든 괴로움의 근원이 된다. 이런 모든 종류의 괴로움은 잘못된 인식에서 비롯되는데, 이러한 모든 종류의 고통의 원인이 되는 잘못된 인식, 생각, 관념들을 유심히 들여다보는 것이 마음챙김에서 가장 중요한 수행이다.

우리의 행복과 우리 주변의 모든 사람들의 행복은 '바른 견해'에 대한 깨달음의 정도에 달려 있다. 그러나 '바른 견해'는 어떤 하나의 이데올로기나, 체제나, 또는 심지어 하나의 길도 아니다. '바른 견해'는 이데올로기처럼 이런 것이라고 말로 묘사할 수 있는 것이 아니다.[3] 그래서 우리는 단지 올바른 방향을 알려 줄 수 있을 뿐, 심지어 스승도 '바른 견해'를 전해 줄 수 없다. 스승은 '바른 견해'라는 씨앗이 이미 우리 마음의 정원에 심어져 있으며, 그것을 알아차릴 수 있도록 도와주고, 또 이를 확신할 수 있도록 도와줄 수 있을 뿐이다.[4] 그리고 수행을 통해 우리의 일상생활이라는 토양에 그 씨앗을 어떻게 이식시킬 수 있는지 그 방법을 보여줄 뿐이다.

아뢰야식(alaya vijñana : '여덟 번째 의식'인 業藏을 말함)[5]

은 우리가 경험한 모든 것들을 볼 수 있는 곳이다. 그것은 마치 컴퓨터의 하드디스크와 같다. 우리가 듣고, 본 모든 것들이 그리고 우리가 생활하며 경험한 모든 것들이 그곳에 쌓여 있다. 마음챙김은 정원사의 역할을 한다. 우리는 본래부터 마음의 정원에 심어져 있는 '바른 견해'라는 씨앗이 싹트고 성장하도록 마음의 땅을 개간하기 위해 날마다 마음챙김이라는 수행을 하는 것이다.

그래서 마음챙김을 정원사라고 한다. 매일 마음챙김이라는 수행을 통해 땅을 개간하고 '바른 견해'의 씨앗이 싹트도록 하기 때문이다. 마음챙김은 우리의 일상생활을 하는 매 순간에도 마음을 하나로 모아 그것을 통해 우리 자신에게 무슨 일이 일어나고 있고, 또 우리 주변에 무슨 일이 일어나고 있는지 깨닫기 위해 노력하는 것이다. 그리고 그런 삶이야말로 우리가 진정으로 우리 자신의 삶을 사는 것이다. 그렇지 않다면 마치 우리는 자동항법으로 비행하는 조정사와 같다. 정말로 우리의 삶을 스스로 사는 것이 아니다.

중도는 '有와 無', '오고, 가는 것', '태어나고, 죽는 것', '같다와 다르다', '존재한다와 존재하지 않는다'와 같은 한 쌍의 상반되는 이분법적 사고에 사로잡히지 않는 것이다. 이러한 것들은 우리가 넘어서야 할 관념들이다.

셰익스피어는 "사느냐 혹은 죽느냐, 그것이 문제로다"라고 말하였다. 그러나 중도는 '존재와 비존재'와 같은 생각을 초월한다. 우리는 잘못된 견해를 가지고 있기 때문에 잘못된 인식을 하게 되고, 잘못된 인식 때문에 우리가 '이 세상은 실제로 존재한다' 혹은 '이 세상은 실제로 존재하지 않는다' 라고 생각한다.

'잘못된 견해' 라는 말 자체는 정확히 맞는 말은 아니다. 잘못된 견해들도 상대적으로 시각을 달리하면, 그것이 옳은 견해들일 수도 있기 때문이다. 그러나 우리가 유심히 더 들여다보면, 모든 견해들은 잘못된 견해들이라는 것을 알게 된다. 지금까지 어떤 견해도 진리인 적이 없다. 그것은 단지 어느 한 측면에서의 견해이다. 그래서 그것을 소위 하나의 '관점'이라고 부르는 이유이다. 만약 우리가 다른 측면에서 보게 된다면, 우리는 사물을 다르게 보게 되고, 그럼 우리가 처음에 가진 견해가 전적으로 옳지 않다는 것을 깨닫게 된다.

붓다의 가르침은 여러 견해들이 한 무더기로 모여 있는 견해들의 집합이 아니다. 그 반대로 붓다는 잘못된 견해들을 하나씩 버리도록 가르치고 있다. 즉 견해가 아니라 실천이다. 질적인 측면에서 우리의 견해들이 언제든지 향상될 수 있을지 모르지만, 결국 궁극적 실재[6]라는 관점에서 바라보면, '바른 견해'란 모든 견해가 부재한 상태, 즉 하나의 견해도 갖지 않는 것이다.

우리가 갖는 견해들은 우리의 인식(samjña : perception, 삼스냐는 '인식', '생각'이라는 뜻)을 토대로 하고 있다. 인식을 중국어로는 생각 '想'이라고 하는데, 한자 윗부분의 '相'은 표시, 기호, 또는 모양을 뜻하고, 한자 아랫부분의 '心'은 마음 혹은 정신을 뜻한다. 하나의 인식은 하나의 상을 가지고 있는데, 대부분의 그 상은 마음으로 그려낸 환영에 불과하다는 의미를 담고 있다. 그래서 붓다는 우리에게 우리가 인지하는 것으로 어리석음에 빠지지 말라고 가르친다.

《금강경》을 보면, 붓다가 제자 수부티Subhuti에게 이렇게 말한다.

"인식이 있는 곳에 속임이 있다."[7]

붓다는 우리의 대부분의 인식들이 잘못이라는 것을 많은 사례를 들어 가르친다. 그리고 우리의 대부분의 괴로움은 잘못된 인식에서 비롯된다고 가르친다. 우리는 스스로 우리 자신에게 묻고 또 물어야 한다.

"나는 확신하는가?"

우리가 명확히 알기 전까지는, 우리의 잘못된 인식들로 인해 우리가 '바른 견해'를 갖는 데 방해를 받게 된다.

인지한다는 것은 항상 무엇인가 대상을 인지한다는 것을 의미한다. 우리는 인식의 대상과 인식의 주체는 별개라고 믿고 있지만, 이는 잘못이다. 우리가 산이라고 인지하는 것은, 산이라는 인식의 대상이 있기 때문이다. 우리가 달이라고 인지하는 것도, 달이라는 인식의 대상이 있기 때문이다 (즉 인식의 대상이 있기 때문에 인식의 주체도 있는 것이다).

우리가 "나는 그 꽃 속에서 나의 의식consciousness을 볼 수 있다"라고 말하는 것은 우리가 그 꽃 속에서 구름, 햇빛, 흙, 그리고 광물을 볼 수 있다고 말하는 것을 의미한다. 그럼 어떻게 우리가 그 꽃 속에서 우리의 의식을 볼 수 있겠는가? 즉 그 꽃이 바로 우리의 의식이다. 인식은 인식의 주체와 인식의 대상이 함께 존재할 때 생기는 것이다. 우리가 바라보는 그 꽃이 우리의 의식이나 다를 바 없다. 우리의 의식이 꽃 바깥에 있다는 생각은 착각이다. 대상이 없이 주체가 존재하는 것은 불가능하다. 어느 쪽이든 둘 중에 하나를 떼어 놓고, 다른 하나가 별개로 존재하는 것은 불가능하다.

붓다가 카차야나 존자에게 말하였다.
"세상 사람들은 두 개의 견해 중에 하나만을 믿는 경향이 있다. 예를 들면 '유 아니면 무'라는 견해이다. 그것은 세상 사람들이 잘못된 인식에 얽매어 있기 때문이다. 잘못된 인식이 '유와 무'와 같은 개념들을 낳는다."

경전의 이러한 가르침들은 아주 명확하다. 우리는 잘못된 견해들을 가지고 있고, 또 그로 인해 우리는 잘못된 인식을 하게 된다. 그리고 그 잘못된 인식들 때문에 우리는 '이 세상은 실제로 존재한다' 혹은 '이 세상은 실제로 존재하지 않는다'라는 생각을 한다. 우리는 이러한 잘못된 인식들을 버려야 한다. 버리는 것은 '그냥 내버려두는 것'보다 의지가 훨씬 강하다. 어떤 생각을 버리는 것은 통찰력과 용기가 필요하다. 만약 고통을 받고 있다면, 그것은 우리가 놓고 싶지 않는 어떤 생각을 품고 있기 때문일지 모른다.

우리들 가운데는 육체와 분리된 이후에도 불멸의 영혼이 있다고 믿고, 또 그 불멸의 영혼이 계속해서 변함없이 살아간다고 믿는 사람들이 있다. 우리는 모든 것이 끊임없이 변하고 있으며, 어떤 것도 영원하지 않다는 것을 알고 있다. 그렇듯이 사실은 불멸의 영혼이 있고, 또 그 자체가 영원히 변하지 않는다는 관념, 우리가 소위 말하는 '불멸'이라는 관념은 잘못된 견해이다.[8]

다른 극단적인 견해는 '절멸설'이다. 즉 어떤 것이 영원히 사라질 수 있다는 생각이나, 죽고 난 후에 아무것도 남지 않고 '무無'가 된다는 것이다. 이 역시 잘못된 견해이다. 우리는 세상을 서로 상반되는 여러 가지 이분법적 사고들로 바라보는 데 익숙해져 있다.

우리가 불을 켜 불빛이 드러나면, 불빛에게 이렇게 물어보라.

"사랑스런 불빛이여! 너는 어디로부터 왔는가?"

이는 우리가 '오고, 가는 것'에 대한 관념을 가지고 있기 때문이다. 그러나 불빛은 어디로부터 온 것이 아니다. 그것이 불빛의 본성이다. 여러 조건들이 함께 이루어지면, 불빛은 드러난다. 그래서 '어디로부터 온다는 것'은 하나의 관념이다. '간다는 것' 역시 또 하나의 관념이다.

불빛이 사라지면, 불빛에게 이렇게 물어보라.

"사랑스런 불빛이여! 너는 어디로 갔느냐?"

그러면 불빛이 대답할 것이다.

"나는 아무 데도 가지 않았습니다. 여러 조건들이 더 이상 충족되지 않아, 나의 발현이 중단된 것입니다. 나의 본성은 오는 것도 없고, 가는 것도 없습니다."

그 뿐만 아니라 불빛이 빛나고 있을 때조차, 1초의 불빛도 그 다음 순간의 불빛과 같은 것이 아니다. 매 순간에도 새로운 것이 들락날락하고, 새로 생겼다가 사라졌다를 반복한다.

몇 년 전 독일 북부에서 안거하고 있을 때, 승가에서 결혼식을 올린 한 쌍의 부부가 있었다. 다음날 아침, 우리에게 '변하지 않는 영원한 것은 없고', '같지도 않고, 다르지도 않다' 는 가르침을 주기 위해 명상을 하고 있던 승려 앞에 신혼부부가 나타났다. 젊은 남자가 그의 신부를 바라보며, 이렇게 물었다.

"사랑하는 이여! 당신은 어제 나와 결혼한 그 사람이 맞는 거요 아니면 다른 사람인 거요?"

변하지 않는 것은 없다. 때문에 이틀 연속 아니 한 순간이라도 지나면 아무 것도 똑같은 상태로 남아 있을 수가 없다. 사랑에 빠진 사람은 상대방이 더 이상 나를 사랑하지 않을까 걱정을 한다. 그래서 시시때때로 여전히 나를 사랑하는지 확인받고 싶어 한다. 젊은 부인이 그의 남편을 바라보며 미소를 지으며 말했다.

"걱정하지 마세요! 어제 당신과 결혼한 사람과 비록 내가 똑같은 사람은 아니지만, 그렇다고 다른 사람도 아닙니다."[9]

그것은 사실이다. '같다거나 다르다' 와 같은 생각은 버려야 할 관념들이다. 만약 사색을 통해 우리가 '영원히 변하지 않는 것은 없다', 즉 '무상無常하다'는 생각을 깨우치게 된다면, '영원하다'는 생각은 더 이상 의미가 없게 된다.

카차야나야, 대부분의 사람들은 분별심과 편애, 집착과 애착 같은 정신적 의지에 얽매인다. 집착과 애착과 같은 정신적 의지로부터 자유로운 사람들은 더 이상 자아를 고집하거나 상상하지 않는다.

여기에 두 가지 단어가 있다. 그냥 내버려두지 않다의 의미의 '집착'과 우리를 집게발로 꽉 붙잡고 놓아주지 않는 게와 같은 '애착'이다. 우리를 붙잡고 놓아주지 않는 것은 우리의 생각과 잘못된 인식들이다. 우리는 자신의 생각과 인식들에 사로잡혀 있다. 거기서 벗어나지 못해 우리는 그것에 집착한다.

우리 각자는 우주에 대한 견해를 가지고 있다. 그것을 상대성, 불확정성, 가능성, 혹은 초끈이론이라고 부를 수도 있다. 우주에 대한 견해만 해도 수많은 견해들이 있다. 물론 견해들을 제시하는 것은 좋다. 그러나 당신이 연구를 한걸음 더 진전시키고 싶다면, 자신의 견해를 버릴 준비가 되어 있어야 한다. 그것은 마치 사다리를 오르는 것과 같다. 예컨대 자신의 견해를 버릴 준비가 되어 있지 않다면, 마치 다섯 단계에 올라 제일 높은 곳에 있다고 생각하는 것과 같다. 바로 그런 생각이 여섯 단계, 일곱 단계로 오르는 것을 방해한다. 그것은 당신이 사로잡혀 있는 것이다. 그래서 여섯 단계, 일곱 단계로 오르기 위해서는 다섯 단계를 놓아야만 한다.

    이것이 붓다가 제시하는 배움의 과정이다. 붓다의 가르침은 전적으로 실천의 가르침이다. 독단적인 도그마가 아니다. 만약 당신이 무언가를 도그마 혹은 절대적인 진리로 숭배한다면, 그것은 훌륭한 수행자가 아니다. 심지어 붓다의 가르침으로부터도 당신은 완전히 자유로워야 한다. 붓다의 가르침은 절대적인 진리로서가 아니라 깨달음을 얻기 위한 방편으로 제시한 것이다.[10]

    우리는 이 견해는 옳고 이 견해는 그르다고 분별하는 습관이 있다. 우리는 '영원하다'는 견해는 잘못된 견해라고 말하지만, 우리는 '영원하다'는 견해를 극복하기 위해서 '변하지 않는 것은 없다'는 즉 무상함이라는 '바른 견해'를 방편으로 사용한다. 그러나 또한 이를 깨닫고 나면 '무상하다'는 견해로부터도 자유로워야 한다.

    경전에서도 말하고 있듯이 진정한 '바른 견해'는 모든

견해가 부재한 상태를 말한다. 붓다의 가르침에 따르면, 우리는 소위 옳은 견해들을 포함한 모든 견해들을 버려야만 한다. '있는 그대로의 모습', 즉 실재[11]는 관념이나 견해라는 측면에서 묘사할 수 있는 것이 아니다. 그것이 소위 옳은 견해들도 단지 우리를 돕기 위한 방편이라고 하는 이유이다.

경전을 집대성한 《대보적경(大寶積經 : Ratnakuta Sutra)》에서 붓다는 존재라는 관념에 집착하고 있다면, '공空'이라는 관념을 방편으로 삼아 그 집착에서 벗어날 수 있다고 말한다.

그러나 만약 당신이 '공空'이라는 관념에 사로잡혀 있다면, 이는 아무도 그 관념에서 벗어나게 할 수 있는 수단이 없다(따라서 '공'도 '공'하다는 것을 알고, '공'에도 집착해서는 안 된다).[12] 당신은 붓다의 가르침 또한 집착해서는 안 된다. 당신은 참이 아닌 가르침은 물론 참된 가르침으로부터도 자유로워야 한다.

《금강경》에서 붓다는 다음과 같이 말하고 있다.

"가르치지 않은 것은 말할 것도 없고, 모든 가르침도 버려야 한다."

당신의 관념과 견해들을 버리는 것을 실제로 실천하는 것이 아주 중요하다. 자유는 버리는 것을 실천하지 않고는 가능하지 않다.

집착과 애착과 같은 정신적 의지로부터 자유로운 사람들은 더 이상 자아를 고집하거나 상상하지 않는다.

'상상하다'라는 말은 '측정하다, 평가하다, 인지하다'를 의미하는 중국어 한자를 번역한 것이다. 우리는 무언가에 대해 하나의 개념을 가지고 있다. 우리는 "그것은 중요하다 혹은 그것은 중요하지 않다"라고 말한다. 우리는 "그것은 존재한다 혹은 존재하지 않다"라고 말한다. 잘못된 인식은 사실에 대해 무언가를 상상한다는 것을 의미한다. 우리는 이 생각 저 생각을 그 사실에 마구 갖다 붙인다. 실제로 그 사실은 그렇지가 않지만, 우리는 그렇다고 생각한다. 비록 우리가 어떤 것도 영원하지 않다는 사실을 알고 있지만, 우리가 일상생활을 하면서는 사물들이 영원한 것인 양 생각한다. 우리는 개별적인 '자아'가 있다는 생각은 잘못된 인식이라는 것을 이해하고 있지만, 대부분의 우리의 사고는 사물들이 자아를 가지고 있다는 견해에 바탕을 두고 생활한다.

이러한 종류의 사고는 위험하다. 이런 생각들은 우리 자신이 견고하다는 느낌을 갖게 하는 경향이 있다. 그러나 사실은 그런 생각들은 잘못된 인식에서 비롯된다. 우리의 모든 집착과 상상은 우리의 생각에서 나온다.

때문에 우리의 집착과 상상의 중심에는, 또 우리의 모든 잘못된 인식의 중심에는 '자아'에 대한 생각이 있다. 우리는 '나' 혹은 '나의 것'과 같은 '자아'라고 부르는 무엇인가가 있다고 생각한다. 우리는 '나'는 존재한다, '나의' 일부이다, '나의 것'이다와 같은 생각을 한다. 그러나 이 자아는 누구인가?

꽃을 보고, 꽃에게 물어보라.

"누가 꽃을 피우는가?"

"우리가 태어나고, 성장하고, 죽게 되는데, '나'라는 존재가 필요하지 않아요."

우리는 만약 태어남이 있다면, 태어나는 '나'가 있어야 하고, 만약 늙어감이 있다면, 늙어가는 '나'가 있어야 하고, 만약 죽음이 있다면, 죽어가는 누군가가 있어야 한다고 생각한다.

사실은 태어남은 그냥 태어남이고, 늙음은 그냥 늙음이고, 죽음은 죽음이다. 그 안에 '나'는 없다. 그것은 단지 자아라는 생각에 사로잡혀 있기 때문에 '나'가 있어야 한다고 말하는 것이다.

그 꽃은 그 안에 영혼, 자아를 가지고 있는가? 그 꽃은 태어나고, 꽃을 피우고, 시들어 가기 위해 자아가 필요한가?

그 꽃은 존재하기 위해서 '나'가 필요한가?

비가 존재하기 위해 '나'가 필요하지 않다. 비가 발생할 때, 당신이 "누가 비를 내리는가?"라고 물을 필요가 없다. 많은 언어의 경우처럼, 우리는 "'그것'이 비를 내리다 'It' is raining"라고 말한다. 그러나 그렇게 말하는 것은 그 말 속에 넌지시 자아가 있다는 뜻을 함축하고 있다.

그러나 비가 있다면, 그 비 안에 어떤 자아가 있는가? 우리는 다음과 같은 방식으로 말하는 것에 익숙해져 있다. 즉 자아라는 어떤 주체가 있고, 그런 다음에야 어떤 행동이 있을 수 있다는 것이다. 영어로는 "그것이 비를 내린다 It rains"라고 말한다. 베트남어로는 "하늘이 비를 내린다 The sky is raining" 혹은 "날씨가 비를 내린다 The weather is raining"라고 말한다.

"나는 바람이 분다는 것을 안다 I know the wind is blowing"고 우리가 말할 때, 우리는 이 문장을 두 개의 절로 나눌 수 있다. 하나는 "나는 안다 I know"이고, 다른 하나는 "바람이 분다 the wind is blowing"이다. 사실 이것은 이상한 문장이다. 어떻게 불지 않는 바람이 있을 수 있단 말인가? 당신이 바람을 깨닫는 순간, 바람은 불고 있는 것이다. 불지 않는 바람은 없다. 부는 것은 바람의 일부이다. 왜 우리는 그냥 '바람'이라고만 말하지 않는가?

"한 조각 구름이 하늘에 떠 있다" 혹은 "한 송이 꽃이 피어나고 있다"라고 말하는 것도 마찬가지이다. 만약 구름이 하늘에 떠 있지 않다면, 그것은 여전히 강물에 지나지 않다. 만약 꽃이 피어나지 않는다면, 그것은 싹이지 아직 꽃이 아니다.

또한 "나는 안다"라는 문장이다. 우리는 '나'가 있어야만 하는가? 사실 "안다"라고 말하는 것만으로도 충분하지, '나'가 필요 없다. '안다'는 동사이다. 그래서 그것은 주어가 필요하다. 그러므로 우리는 '나'라는 단어를 사용한다.

만약 우리가 사실대로 말하고 싶다면, 그냥 '비' 혹은 '바람' 혹은 '구름' 이라고 말하는 것으로도 충분하다.

우리는 주체, 혹은 자아라는 관점에서 생각하고 말하는 습관에 익숙해져 있다. 그러나 불행하게도 주어가 있어야 한다는 이런 생각은 우리가 진리를 보지 못하도록 막고 있다.[13]

연기법

예를 들어, 그들은 괴로움도 그 원인들이 있기 때문에 괴로움이 생기는 것이고, 그 원인들이 소멸하면 괴로움도 사라진다는 것을 이해한다. 더 이상 그들은 미혹에 빠지지 않는다.

여기서 붓다는 괴로움에 대해서도 마치 그림이나 책상과 같이 단순히 하나의 현상으로 말하고 있다. '예를 들어'라는 단어 안에 이미 이것이 단순한 하나의 현상이라는 것을 내포하고 있다. 여기서 괴로움은 단지 모든 현상을 대표하여 하나의 예로 든 것이다.
다시 말해 붓다는 인과 연의 관계, 즉 연기법에 대해 이야기하고 있다. 우리는 모든 현상이 연기적으로 존재한다는 사실을 관찰하고, 배움으로써 중도를 발견하게 된다. 원인과 결과는 함께 일어난다. 그리고 모든 존재는 여러 인과 연들의 작용으로 생긴 결과이다. 달걀은 닭이 존재하므로 있고, 닭은 달걀이 존재하므로 있다. 달걀과 닭은 서로 의존하여 생긴다. 아무 것도 홀로 생겨날 수 없다(즉 단 하나의 법法도 인과 연에 따라 생겨나지 않은 것이 없다).

'인과 연', 그리고 '연기'는 비슷한 의미인데, 붓다의 가르침에 한결같이 그 밑바탕에 깔려 있는 가르침이다. 인(因, hetu : 직접 원인)은 씨앗 혹은 1차적 원인을 말한다. 연(緣, pratyaya : 간접 원인)은 1차적 원인은 아니지만 다른 필요한 조건들을 말한다. 중국어 한자 '인因'은 '크다'라는 大 자가 네 개의 벽 내부에 그려져 있다. 만약 무언가가 크게 되려면, 그 경계를 뚫고 나아가야만 한다. 겨자씨를 보면 알 수 있듯이 그것은 아주 작다. 그 안에는 겨자씨가 크게 되기 위한 조건들이 없다. 그러나 그 겨자씨를 땅에 심고 물을 뿌리면, 그것은 커다란 식물이 된다. 겨자씨가 결실을 맺도록 하는 조건들은 물, 흙, 거름, 온기 등 여러 가지이다. 그 조건들 역시 원인들이다. 그러나 물론 1차 원인은 그 씨앗 자체이다. 부차적인 원인들은 1차 원인이 크도록 하는 데 반드시 필요한 조건들이다.

인과 연에 대해 이야기하면서, 붓다는 연기pratitya samutpada라는 용어를 사용한다. 이를 영어로는 Dependent Co-arising라고 한다. '의존적Dependent'이라는 말은 '서로 의지한다'는 의미이고, '상호Co'라는 말은 '함께, 동시에'라는 의미이다. 아무것도 홀로 생기거나 서 있지 못한다. 즉 모든 것은 또 다른 모든 것에 의존한다.

미국에서 비록 독립기념일을 축하하지만, 사실 우리는 다른 국가에 의존하지 않고는 실질적으로 살아갈 수 없다. 아마도 우리는 '상호의존의 날'이라는 기념일을 정해 축하해야 할지도 모른다. 한 나라가 존재하기 위해서는 다른 나라에 의존해야 하기 때문이다.

우리가 괴로움의 감정이 생길 때 그것을 유심히 들여다보면, 우리는 괴로움을 일으킨 여러 원인들이 있음을 안다. 우리가 꽃을 유심히 바라다보면, 수많은 조건들이 갖추어져 함께 꽃을 피우게 되는 것을 알게 된다.

한 조각 구름이나 혹은 책상 하나도 다 똑같다. 그것들이 존재하기 위해 필요한 조건들이 없다면, 그것들은 존재하지 않을 것이다. 이런 방식으로 관찰하는 사람은 혜안을 갖게 되고, 더 이상 미혹에 빠지지 않는다. 우리는 여러 조건들이 갖추어져 함께 일어날 때 그로부터 무엇이든 생기고, 그런 조건들이 흩어지면 더 이상 존재할 수 없다.

깨달음은 다른 사람들을 의지하여 얻어지는 것이 아니다. 그것은 자신의 통찰력에 의해 스스로 깨닫는 것이다. 이런 통찰력을 '바른 견해'라고 말한다. 이것이 여래가 말한 '바른 견해'이다.

모든 현상은 여러 인과 연들에 따라 생겨난다. 붓다가 말했기 때문에 그렇다고 믿지 마라. 당신 스스로 유심히 들여다보고 깨닫고 나서 그렇다고 믿어라. 붓다는 항상 우리에게 붓다 자신을 포함해 그 누구의 말이나 가르침, 생각을 토대로 그것들을 받아들이지 말고 이러한 것들을 스스로 경험하고 깨닫기를 요구한다. 우리도 다른 사람들이 말했던 것들을 앵무새처럼 반복하고 싶어 하지 않는다.

삶은 고다. 즉 우리 모두는 괴로움이 있다. 우리가 그 괴로움의 중심을 유심히 들여다보면, 괴로움을 일으킨 가까운 인과 연들이 그리고 먼 인과 연들이 있는 것을 안다. 우리는 이것을 우리 스스로 알 수 있다. 다른 누군가가 꼭 우리에게 말해주지 않아도 된다. 우리가 지니고 있는 지혜로 괴로움을 유심히 들여다보면 된다. 우리 스스로가 이것을 알 수 있는 능력이 있으며, 또 이것을 알 수 있는 통찰력을 지니고 있음을 의심하지 않는다면, 우리는 그렇다는 사실을 알게 된다. 그 통찰력은 우리로부터 나온다. 그것은 누구로부터 얻는 것이 아니다.

그 원인이 몇 개이든 그 숫자와 상관없이 서로서로 연관된 조건들이 함께 일어날 때, 어떤 현상을 일으킨다. 그리고 우리는 그 현상을 인식한다. 그것을 가르치기 위해 붓다가 이 세상에 출현하거나 혹은 출현하지 않더라도, 연기는 모든 것의 근거이다. 이는 모든 현상계에 항상 적용되는 진리 혹은 법칙이다. 이 진리는 모든 법계(法界 : dharmadhatu)에서도 항상 적용되는 법칙이다.

어떻게 그렇게 될 수 있을까? 세상에 '나타나는 것들을' 통찰력을 통해 바르게 관찰하는 사람은 그 마음속에 '없다'는 생각이 일어나지 않는다. 세상에 '사라지는 것들을' 통찰력을 통해 바르게 관찰하는 사람은 그 마음속에 '있다'는 생각이 일어나지 않는다.

'유' 혹은 '존재'와 같은 관념은 로카다투(lokadhatu : 세계)에서 일어난다.[14] 로카다투는 우리가 사는 이 세상을 말한다. 이 세상은 사물이 태어나고 죽는 고통의 세상이고, 서로서로 별개로 존재하는 세계이다. 즉 자몽은 레몬과 별개로 존재한다. 그러나 다르마다투(dharmadhatu : 법계)에서는 '있는 그대로의 모습', 즉 진여(眞如)의 세계이다.[15] 연꽃은 사원과 다르지 않다. 어떤 사람이 그의 형제와 다르지 않다. 모든 사물들이 상호 연관을 맺고 있다. 하나에 모든 것이 있고, 모든 것이 하나에 있다. 사실 모든 법, 즉 모든 현상들은 다르마다투에 머물고 있다. 우리가 그 현상들을 주의 깊게 접촉해 보면, 생도 없고 사도 없는 것이 그들의 본성이라는 것을 알 수 있다. 이것이 다르마다투의 세계, 즉 니르바나nirvana의 세계이다. 우리가 다르마다투에서 사느냐, 아니면 로카다투에서 사느냐는 우리의 삶의 방식에 달려 있다.[16]

연기법에 대한 가르침에 따르면, 모든 현상은 자신의 법성法性[17]을 지니고 있지만, 그들의 본성은 태어남도 없고 죽음도 없다. 우리는 우리의 법성을 지니고 있다. 꽃은 꽃의 법성을 지니고 있다. 그러나 만약 우리가 그 본성을 깨닫게 된다면, 우리는 태어나고 죽는다는 관념을 초월하게 된다. 만약 우리가 꽃의 법성을 깨닫게 되면, 꽃이 피어나고 죽어가는 것으로 보지 않을 것이다. 그리고 꽃이 다른 것과 개별적으로 다르다고 바라보지 않을 것이다.

사실 세계는 발현의 과정이다. 꽃도 사실은 발현하고 있는 것이다. 그래서 우리는 그것이 존재한다고 말할 수 없다. 우리는 괴로움도 발현의 하나라는 사실을 안다. 그래서 우리는 괴로움이 존재하지 않다고는 말할 수 없다. 그러나 우리가 현상을 실제 있는 그대로의 모습으로 바라보고 깨닫게 된다면, 우리는 그것에 연연하지 않을 것이다. 그리고 우리는 그런 연연으로 짓눌리거나 짐을 짊어지지 않을 것이다.

세상에 '나타나는 것들을' 통찰력을 통해 바르게 관찰하는 사람은 그 마음속에 '없다'는 생각이 일어나지 않는다. 세상에 '사라지는 것들을' 통찰력을 통해 바르게 관찰하는 사람은 그 마음속에 '있다'는 생각이 일어나지 않는다.

카차야나야, 세상을 유라고 보는 것은 극단적인 견해이다. 세상을 무라고 보는 것도 극단적인 견해이다. 여래는 이 두 가지 극단을 피하고 '중도'에 의지해서 법을 말한다.

목숨은 이 몸이라는 관념이나 혹은 목숨은 이 몸이 아니라는 관념이나 둘 다 경전은 '극단적인 견해'로 옳지 않다고 말한다. 중도는 유와 무, 생과 사, 하나—와 다수多[18], 오고 감, 같음과 다름이라는 생각을 넘어선다.

'존재나 비존재'와 같은 관념은 우리의 잘못된 인식에서 비롯된다. 붓다는 우리가 '존재한다' 혹은 '존재하지 않는다'와 같은 생각을 넘어서야 한다고 말한다. 무언가가 발현하여 그 모습을 드러낼 때, 우리는 그것이 존재한다라고 말하는 경향이 있다. 그리고 그것이 더 이상 발현을 멈추고 그 모습을 감출 때, 그것은 존재하지 않는다라고 말한다. 이것은 대다수의 우리가 저지르는 잘못이다.

내가 머물고 있는 플럼 빌리지[19]는 해바라기가 피는 들판 한가운데 자리하고 있다. 4월, 우리가 걷기 명상을 할 때는 해바라기가 하나도 보이지 않는다. 그럼 우리는 "들판에 해바라기가 하나도 없다"고 말한다. 그러면서 우리는 해바라기는 존재하지 않는다고 생각한다. 그러나 4월, 그 길을 따라 걸어가는 농부는 사물을 다르게 볼 것이다. 우리가 농부에게 "해바라기가 하나도 없네요"라고 말한다면, 그는 "아니요, 있습니다"라고 말할 것이다. 왜냐하면 그는 씨앗을 심어 놓았고, 5월 혹은 6월이 되면 해바라기가 모습을 드러낼 것이기 때문이다.

우리는 아주 빠르게 '무언가가 존재하지 않는다' 라는 결론에 이른다. 농부는 두 달이 지나면 들판은 해바라기로 가득 차게 될 것이라는 것을 잘 알고 있다. 그러나 농사일을 잘 모르는 우리는 "들판에 해바라기가 하나도 없다"고 말한다. 그러나 이러한 우리의 견해는 사실과 다르다.

붓다의 가르침은 항상 중도이다. 중도는 태어나지 않거나, 죽지 않거나, 하나가 아니라거나, 다수가 아니라는 생각 등은 물론 유와 무, 생과 사, 하나와 다수, 오고 감, 같음과 다름과 같은 생각을 넘어서는 것이다. 여래는 이런 극단적인 견해들을 피한다.

11세기 때 베트남에서 한 수도승이 선禪을 가르치던 스승에게 "생과 사를 넘어선 곳이 어디입니까?"라고 물었다. 스승이 "생과 사 한 가운데 있다"라고 대답했다. 즉 생과 사를 떠나 니르바나를 구한다면, 해탈을 하지 못할 것이다. 열반은 생과 사에 있다.[20] 현상계를 유심히 들여다보면, 우리는 타고난 성품, 즉 마음은 본래 청정하여 열반에 이를 수 있음을 안다.

'중도'는 '그것이 있기 때문에 이것이 있다', '그것이 없기 때문에 이것이 없다'라고 말한다.

이 말은 아주 간단하지만, 아주 깊은 뜻이 담겨 있다. "그것이 있기 때문에 이것이 있다." 이것은 상호 의존적이라는 의미이다. "그것이 나타나기 때문에 이것이 나타난다." '나타난다'라는 말은 '태어나다'라는 말보다 훨씬 맞는 말이다. 이것이 연기를 잘 표현한 말이고, 초기 경전에서 여러 번 반복되고 있다. "그것이 있으므로 이것이 있다." "그것이 있기 때문에 이것이 있다, 그것이 없기 때문에 이것이 없다." "그것이 발현을 멈추기 때문에 이것이 발현을 멈춘다." "그것이 그렇듯이 이것이 이러하다." 즉 이런 말들이 우리가 할 수 있는 연기법을 가장 잘 표현한 말이다. 마치 우리가 미소를 지으면, 거울도 우리에게 미소를 지어 보이는 것과 같다. 만약 우리가 다른 사람에게 친절하면, 그들도 우리에게 친절할 것이다.

사람들은 다음과 같은 질문을 한다. "세상이 어떻게 존재하게 되었는지에 대해서 붓다의 가르침이 있나요?" "누가 세상을 창조하였나요?" "세상은 언제 시작되었고, 언제 끝나게 되나요?" 우리가 할 수 있는 것은 오직 하나뿐이다. 즉 다음과 같은 말을 인용하는 것이다. "그것이 있기 때문에 이것이 있고, 그것이 없기 때문에 이것이 없다." "그것이 생기기 때문에 이것이 생겨난다. 그것이 소멸하기 때문에 이것이 소멸한다." 꽃은 햇빛이 있기 때문이고, 씨앗이 있기 때문이고, 흙이 있기 때문이다. 이것이 연기법에 대한 가르침이고, 아주 간단하게 표현할 수 있는 말이다. "그것이 있기 때문에 이것이 있다"는 우리가 세상의 존재에 대한 질문에 답할 수 있는 최상의 답변이다.[21]

다른 모든 것과 마찬가지로, 시간도 하나의 조건 지어진 현상이다. 시간은 공간에 의해 조건 지어지고, 지구에 의해, 물에 의해, 우주의 모든 만물에 의해 조건 지어진다. 이는 꽃도 마찬가지이고, 우리가 겪는 괴로움도 마찬가지이고, 세상의 모든 현상들이 다 마찬가지이다. "첫 번째 원인은 무엇인가?"라는 질문은 우리의 무지에서 비롯되는 것이다. 예를 들어 "누가 세상을 창조했는가?" "시간과 같은 어떤 것이 존재하는가 혹은 존재하지 않는가?" "시간은 언제 시작되었는지?"와 같은 질문들은 중도에 대한 가르침을 깨닫게 되면, 아주 순진한 질문이 된다. 우리가 중도를 이해하게 되면, 연기법의 가르침을 깊이 들여다 볼 수 있다. 즉 시간은 공간 때문에 있고, 공간은 시간 때문에 있다. 그 둘은 상호 의존적이다. 그것이 발현하기 때문에 이것이 발현한다. 그것이 모습을 감추기 때문에 이것이 모습을 감춘다. 우리는 이러한 사실들에 답을 구하기 위해 종교를 찾거나 스승을 찾아갈 필요가 없다. 다만 우리 스스로가 깨달을 수 있도록 깊이 들여다 보기만 하면 된다.

그것이 있기 때문에 이것이 있다. 그것이 생기기 때문에 이것이 생긴다. 아버지가 있기 때문에 아이가 있다. 아이가 있다면 아버지가 있어야 한다. 형이 있다면 틀림없이 동생이 있다. 동생이 있다면 형이 있기 때문이다. 낮이 있기 때문에 밤이 있다. 이 모든 것은 서로 의존하여 존재하고 있는 것이다.

무명이 있기 때문에 충동이 있고, 충동이 있기 때문에

의식이 있고, 의식이 있기 때문에 명색이 있고, 명색이 있기 때문에 여섯 가지 감각기관이 있고, 여섯 가지 감각기관이 있기 때문에 접촉이 있고, 접촉이 있기 때문에 감정이 있고, 감정이 있기 때문에 갈망이 있고, 갈망이 있기 때문에 집착이 있고, 집착이 있기 때문에 생성이 있고, 생성이 있기 때문에 태어남이 있고, 태어남이 있기 때문에 늙음, 죽음, 고통, 슬픔이 있다. 이 세상의 모든 괴로움은 이렇게 일어난다.

그러나 무명이 사라지면 충동이 소멸하고, 충동이 사라지면 의식이 소멸하고, 의식이 사라지면 명색이 소멸하고, 명색이 사라지면 여섯 가지 감각기관이 소멸하고, 여섯 가지 감각기관이 사라지면 접촉이 소멸하고, 접촉이 사라지면 감정이 소멸하고, 감정이 사라지면 갈망이 소멸하고, 갈망이 사라지면 집착이 소멸하고, 집착이 사라지면 생성이 소멸하고, 생성이 사라지면 태어남이 소멸하고, 결국 늙음, 죽음, 고통, 슬픔이 사라질 것이다. 이 세상의 모든 괴로움이 이렇게 사라진다.

붓다의 가르침을 듣고 난 후, 카차야나 존자는 깨달음을 얻었고 슬픔에서 해방되었다. 그는 모든 번뇌에서 해탈하여 아라한을 얻었다.

이것은 붓다가 십이연기에 대해 말한 것이다. 12연기 가운데 첫 번째 지분은 무명(avidya : 아비드야)이다. 그리고 그것이 다른 모든 지분에 영향을 미친다. 산스크리트어 'Vidya'는 보는 것, 이해하는 것, 또는 빛을 의미한다. 'Avidya'는 눈 먼 것, 무지, 이해의 결핍 또는 어두움을 의미한다.

두 번째 지분은 의지적 행동(Samskara : 삼스카라), 행동을 일으키는 기운, 존재하려는 충동을 말한다.

세 번째 지분은 의식(vijñana : 비즈냐나)이다. 이 의식은 괴로움을 일으키는 것으로 전적으로 해롭고 잘못된 성향을 지닌 의식이다.

네 번째 지분은 명색(名色 : namarupa), 즉 정신과 육체이다. 산스크리트어 나마nama는 '이름'을 뜻하고, 루파rupa는 '모양'이나 '형태'를 뜻한다. 따라서 나마루파namarupa는 이름과 형태를 의미한다. 우리 존재의 정신적 요소와 육체적 요소를 말한다. 정신과 육체 둘 다 우리의 의식의 대상이다.

다섯 번째 지분은 여섯 개의 감각 기관('눈眼', '귀耳', '코鼻', '혀舌', '몸身', '마음意')으로 그것의 대상 – 물질적 대상, 즉 '색깔이나 모양色', '소리聲', '냄새香', '맛味', '감촉觸'/ 마음의 대상, 즉 '법法' – 을 인식하는 육근(sadayatanas : 사다야타나)을 말한다. 이러한 여섯 개의 감각기관은 정신/몸 (네 번째 지분, 즉 명색)으로부터 분리되어 개별적으로 존재하지 않는다. 그러나 그것이 십이연기에 분리되어 들어 있는 것은 우리가 그 관계를 더욱더 분명하게 볼 수 있도록 도움을 주기 위해서다.

여섯 번째 지분은 감각 기관과 감각 대상과의 접촉(sparsha : 스파르샤)을 말한다. 우리의 감각 의식은 이로 인해 발생한다. 즉 눈과 색, 귀와 소리, 코와 냄새, 혀와 맛, 몸과 감촉 그리고 마음과 마음의 대상이 접촉하여 감각 의식이 생기게 된다.

접촉은 일곱 번째 지분인 감정(vedana : 베다나)의 중요한 바탕이 된다. 감정은 즐겁거나, 불쾌하거나, 즐겁지도 않고 불쾌하지도 않거나, 또는 이런 감정이 섞여 있을 수도 있다. 우리는 이런 감정에 연연하게 된다.

여덟 번째 지분은 갈애(trishna : 트리쉬나) 혹은 욕망이다.

아홉 번째 지분은 집착 혹은 애착(upadana : 우파다나)이다. 그것은 우리가 대상에 사로잡혀있거나 얽매인다는 의미이다.

열 번째 지분은 생성(bhava : 브하바), 有 또는 되는 것이다. 우리는 무언가를 욕망하기 때문에 그것이 되는 것이다. 우리가 정말로 원하는 것이 무엇인지 깊이 들여다보아야 한다.

열한 번째 지분은 태어남(jati : 자티)이다.

열두 번째 지분은 늙음과 죽음(jaramarana : 자라마라나) 및 소멸이다. 산스크리트어 자라jara는 '늙음'을 뜻하고, 마라나marana는 '죽음'을 뜻한다. [22]

붓다는 십이연기에 대한 가르침을 자신의 가르침 가운데 핵심이라고 말했다. 십이연기는 단선적으로 이해해서는 결코 안 된다. 즉 하나의 연기가 그 다음의 연기를 일으킨다는 것으로 여겨서는 안 된다. 각각의 연기가 다른 모든 연기의 연결 고리 없이는 존재할 수 없다. 이런 의미에서 "연기는 '공空'인 것이다"라고 말한다. 십이연기는 사슬처럼 얽혀 있어서 각각의 연기는 사슬처럼 연결된 다른 모든 연기들의 원인이면서 동시에 다른 모든 연기들의 결과이다. 무명이 있는 곳에 식이 있고, 식이 있는 곳에 무명이 있는 것이다.

우리가 십이연기를 공부하는 것은 무명을 끊고 지혜를 증가시키기 위한 것이다. 무명이 사라지면, 갈망, 미움, 자만, 의심 그리고 견해들도 따라서 사라지진다. 반면에 사랑, 연민, 기쁨, 그리고 평정심은 증가된다.

당신이 일상생활을 하는 중에 어느 한 순간 자신의 몸과 마음을 들여다보라. 그 순간에도 열두 가지의 연기가 일어나고 있음을 보게 될 것이다. 대부분의 괴로움은 이 열두 가지 인과 연들이 서로 의존하며 서로 작용함으로써 생긴 것이다. 십이연기 가운데 어느 것이든 나머지 다른 열한 개의 지분들과 관계를 맺고 있다. 만약 당신이 마음챙김의 수행을 하지 않는다면, 이는 이러한 고통의 순환이 계속되도록 내버려두는 것과 같다.

우리가 마음챙김 수행을 하는 것은 십이연기가 무명 대신에 지혜에 의해 영향을 받아 순환되도록 하기 위해서다. 지혜가 첫 번째 지분이 되면, 다른 모든 연기들은 지혜의 영향을 받게 된다. 예를 들면 무명에 의해 생긴 감정이 아니라, 이해, 평정, 또는 자애심에 의해 생긴 감정은 연민 어린 행동을 낳게 된다. 감정이 갈망을 일으킨다고 말하는 것은 정확한 말이 아니다. 집착과 무명에서 나온 감정이 갈망을 일으킨다고 해야 한다. 무명을 바탕으로 한 연기의 순환에서 살고 있는 존재들은 미혹된 마음으로 인해서 표류하고 가라앉는 윤회를 거듭하게 된다. 감정이 지혜에 바탕을 두게 되면, 연기법에 의해 자연히 마음챙김, 자유, 그리고 해탈에 이르게 된다. 보살(bodhisattvas : 보디사트바, 즉 '깨달음을 얻는 자'라는 뜻)[23]의 깨달음도 평정과 깨어있음을 바탕으로 한 연기의 순환 속에서 실현되는 것이다.

당신이 마음챙김의 등불을 밝힌다면, 십이연기가 어떻게 작용하고 있는지 훤히 보게 될 것이다. 그럼 당신은 "우리는 이미 충분히 고통을 겪었다. 더 이상 그런 고통을 낳는 연기들이 작동되도록 내버려 두지 말아야지"라고 말할 것이다. 우리가 마음챙김을 그림으로 그려보면, 마음챙김을 할수록 무명의 색깔은 점점 더 연해지고, 그리고 밝아지는 그림이 될 것이다. 마음챙김은 의식을 명료하게 한다. 의식 안에는 무명도 자리하고 있지만, 또한 깨달음과 마음챙김이라는 씨앗도 있다. 만약 우리가 마음챙김의 등불을 밝힌다면, 무명의 어두움은 사라지게 될 것이다.

아주 가끔씩 우리의 고통과 절망이 우리가 깨닫는 데 도움을 주기도 한다. 이와 같이 지혜는 무명으로부터 나오기도 한다. 등불이 빛나고 있을 때, 우리의 집착과 절망 속에 자리하고 있는 무명의 색깔이 연해지면서 명료하게 바뀌는 것과 같다. 지혜는 큰 염원, 즉 보리심(bodhicitta : 보디시타)[24]을 일으킨다. 당신이 이런 큰 염원을 갖는 것은, 그것은 고통을 봐왔고, 고통의 존재를 깨달았고, 그것을 끝내려 하기 때문이다. 지혜는 보리심을 낳는다. 다시 말해 지혜는 모든 존재들의 이익을 위하여 깨달음을 얻으려는 염원을 일으킨다. 그리고 큰 염원은 우리에게 모든 고통받는 존재들을 위해 우리가 보리심을 내야 한다는 통찰력을 갖게 한다.

지혜에 바탕을 둔다면, 명색도 연기의 순환에 따라 지혜에 상응하는 명색을 지니게 된다. 그것을 화신(化身 : nirmanakaya)이라고 하는데, 즉 붓다가 몸으로 화한 것을 말한다. 우리는 다른 모든 생명체와 연결되어 있음을 안다. 생명 있는 존재들은 미움과 어두움을 내재하고 있다. 그러나 이제 우리의 현존도 꽃처럼 신선함과 행복을 가져다 줄 수 있다. 화신은 보살이 몸으로 형태를 드러낸 것이다. 그 속에는 여전히 여섯 개의 감각기관이 있지만, 이제 그 바탕은 지혜이다. 보통 사람에게는 여섯 개의 감각기관이 구속의 원인이 되는데, 이는 그 바탕이 무명이기 때문이다. 보살의 화신에도 여섯 개의 감각기관이 있다. 하지만 그 안에는 무명이 존재하지 않는다. 그 대신 그들에게 그 바탕은 보살이 중생을 구제하고자 하는 마음인 '서원誓願', 즉 보리심이다.

또한 보살의 화신도 여섯 개의 감각기관의 대상과 접촉한다. 그가 세상과 접촉하기 위해서는 감각기관과 대상 사이에 접촉이 있을 수밖에 없다. 그러나 그 접촉은 마음챙김을 통한 접촉이다. 마음챙김과 함께, 청정함이 있고, 큰 염원이 있고, 지혜가 있다. 접촉으로 말미암아 감정이 생기지만, 그 감정에는 마음챙김이 내재되어 있다.

물론 마음챙김이 있더라도, 여전히 즐겁고, 불쾌하고, 즐겁지도 않고 불쾌하지도 않는 중간의 감정들이 존재한다. 그러나 그 감정들 안에는 더 이상 무명이 존재하지 않는다. 무명 대신에 큰 염원과 지혜가 내재되어 있다. 고통스러운 감정이 일어나면, 보살은 그것이 고통스러운 감정이라는 것을 알아차린다. 즐거운 감정이 일어나면, 그것이 즐거운 감정이라는 것을 알아차린다. 그래서 감정 안에 잘못된 인식이 들어있지 않다. 다시 말해 감정을 있는 그대로 인식하는 것이다.

그래서 보살은 생명있는 존재들의 고통을 함께 나눌 수 있다. 그는 큰 고통에 처해 있는 누군가를 보게 되면, 그는 연민을 느끼며, 아파한다. 이런 고통은 그에게 지혜를 키우고, 더욱더 큰 염원을 갖게 한다. 마음챙김이 내재된 감정들은 그것이 갈망을 이끌어내는 것이 아니라 연민과 자비를 낳는다. 생명있는 존재들이 고통 받는 것을 볼 때, 보살은 화를 내는 것이 아니라 사랑과 연민의 감정을 일으킨다.

생명있는 존재들은 고통을 받는다. 괴로움에서 벗어나지 못하기 때문에 그들은 갈망하고 집착하게 되고, 이로 인해 자신의 고통이 퍼져 나가 자신뿐만 아니라 주변 사람들도 고통을 겪게 한다. 그러나 보살은 비록 고통을 느끼더라도 여전히 자유롭고, 연민과 자비를 지니고 있다. 자비와 연민은 지혜가 내재되어 있다. 자비와 연민은 진정한 사랑의 요소들이다. 또한 그것은 집착에서 벗어나, 자유를 얻게 한다. 그가 속박에서 벗어나 언제나 자유로울 수 있는 것은 바로 연민과 자비심을 지니고 있기 때문이다. 만약 지혜와 보리심을 놓아 버린다면, 동시에 자유도 잃게 된다.

보살의 본질은 자유이다. 그가 생명있는 세속의 삶을 살더라도, 그는 집착 혹은 구속에 의해 동기를 부여받는 것이 아니라 큰 염원에 의해 동기를 부여받는다. 그는 법계에 머물지만, 연민과 자비심에 의해 동기부여를 받아 생과 사가 있는 세상에 나온다. 또한 그는 법계에서 자유롭게 머무는 동안에도 고통의 세계에서 윤회하는 중생들을 포기하지 않는다.

연기는 때때로 공(空 : mahasunyata)[25]이라고 한다. '공'이라는 말은 모든 관념, 생각 그리고 집착으로부터 자유로움을 의미한다. 우리는 "현상은 존재하지 않는다"라고 말할 수 없다. "현상이 존재한다"라고도 말할 수 없다. "그것은 태어난다"라고 말할 수 없다. "그것은 죽는다"라고도 말할 수 없다. "현상은 같은 것이다"라고 말할 수 없다. "현상은 다른 것이다"라고도 말할 수 없다. 즉 모든 현상의 본성은 '공'이고, '공'이기 때문에 '이것이다'라고 말할 수 없다.

다음은 나가르주나가 공과 연기에 관해 읊은 시이다.

모든 현상은 인과 연에 의해 생겨난다.
나는 이것을 '공'하다고 말한다.
말로는 미치지 못해, 이것을 가명假名으로 '공'이라고 말한 것이고,
말로는 미치지 못해, 이것을 '중도'라고 말한다.[26]

만약 우리가 십이연기를 주의 깊게 들여다보면, 이것이 '공'에 대한 가르침이라는 것을 알 수 있다. 붓다는 "십이연기를 아는 사람은 누구든지 붓다를 볼 것이다. 그리고 붓다를 본 사람들은 누구든지 십이연기를 아는 것이다"라고 말했다. 우리가 일상생활 속에서 "나는 누구인가? 나는 여기서 무엇을 하고 있는 걸까? 나는 어디로부터 왔는가? 나는 어디로 가는가?"라고 물을지도 모른다. 이것은 철학적인 질문들이다. 붓다는 이렇게 묻는 이유는 자아라는 생각, 나라는 생각, 나의 것이라는 생각에 사로잡혀 있기 때문이라고 말한다. 만약 우리가 연기를 깨닫게 되면, 우리는 더 이상 이런

질문들을 하지 않을 것이다.

붓다는 우리에게 철학을 공부하라고 충고하는 것이 아니라, 실체를 유심히 들여다보는 시간을 가져보라고, 그리하여 모든 법(dharma : 사물, 현상)의 변하지 않는 진리, 즉 모든 법이 여여如如하고, 모든 법이 '공' 하다는 것을 볼 수 있을 것이라고 충고하고 있다. 우리가 이를 깨닫게 되면, 우리는 더 이상 '자아' 라는 생각, '존재한다' 는 생각, '존재하지 않는다' 는 생각에 사로잡히지 않을 것이고 철학적인 질문을 하는 데 사로잡히지 않을 것이다. 그리고 우리가 연기의 본질을 깨닫게 된다면, 우리는 더 이상 세속적인 견해와 세속적인 지식에 얽매이지 않게 되고, 세속적인 견해와 지식을 바탕으로 한 정신적 의지를 넘어서게 된다.

우리가 연기에 대해 마음을 모아 고요히 명상해 보면, 이런 모든 질문들을 초월하게 된다. 붓다는 "우리가 이런 생각들을 넘어서게 되면, 이는 불쑥불쑥 자라난 꼭대기 윗부분을 가지런히 잘라 낸 야자나무와 같다"라고 말한다. 우리가 갖고 있는 잘못된 인식들이 더 이상 자라지 않도록 잘라 내는 것이다. 우리가 연기의 본질을 깨닫게 될 때, 우리는 자아, 인간, 중생이라는 관념과 삶과 죽음에 대한 관념과 기타 생각 등을 극복하게 된다. 그리고 우리 곁에 머물고 있던 무명과 괴로움도 사라지게 된다. 우리는 더 이상 우리의 잘못된 견해들로 인해 고통을 받지 않아도 된다.

'중도'는 '존재한다' 혹은 '존재하지 않는다'와 같은 이분법적 사고는 우리가 넘어서야 할 관념들이라는 것을 의미한다.
중도는 극단적인 견해와 이분법적 사고를 피하는 것이다.

4

중도를 걷다

Walking the Path of the Middle Way

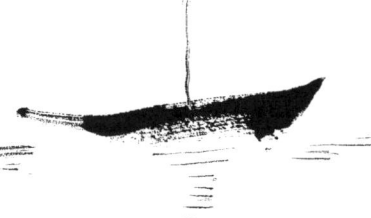

4
중도를 걷다

어느 날 붓다가 소나Sona에게 물었다.

"네가 출가하기 전에 음악가였다는 게 사실이냐?"
소나가 대답했다.
"네, 그렇습니다"
붓다가 물었다.
"네가 타는 악기의 줄이 너무 느슨하면 어떻더냐?"
소나가 대답했다.
"줄을 튕겨도 소리가 나지 않습니다"
"줄이 너무 팽팽하면 어떻더냐?"

"줄이 끊어지고 맙니다."
붓다가 말했다.
"도를 수행하는 것도 이와 같으니라."[1]

이 경전은 중도에 관한 심오하고 놀라운 의미를 담고 있다. 그러나 그것이 정말로 우리에게 유익한 가르침이 되기 위해서는 그 경전의 가르침을 일상생활에 적용하는 방법을 터득할 때이다. 비록 우리가 중도, 무아, 연기법에 대해 웅변적으로 말할 수 있다고 하더라도, 우리는 여전히 '이러한 가르침을 어떻게 매일매일 실천할 수 있을까?'라고 묻곤 한다.

그러기 위해서 제일 좋은 방법은 우리가 그 가르침 자체에 집착하고 있는지 알아차리는 것이다. 영원함과 자아와 같은 우리가 초월해야 될 견해들 뿐만 아니라 무상함, 무아, 해탈과 같은 견해들에도 집착하고 있는지를 알아차리는 것이다. 붓다는 "가르침은 강 건너편으로 건너게 해주는 뗏목과 같다"고 말한다. 일단 강을 건너게 되면, 우리는 강가에 뗏목을 다른 사람이 사용할 수 있도록 남겨두고 떠난다. 가르침도 뗏목과 같아 놓아두어야지 집착해서는 안 된다. 붓다가 열반에 들기 전에 "45년 동안 가르침을 설하였지만, 나는 한 마디도 한 게 없다"라고 말했다고 한다. 사실 그는 많은 가르침을 설하였지만, 그는 제자들이 그의 말에 얽매이지 않기를 바랐다.

우리가 무상, 무아, 연기적 존재라는 가르침을 올바른 견해들이라고 말하는 것도 이해를 쉽게 하도록 하기 위해서이다. 다시 말해 그것은 우리가 쉽게 이해하도록 돕기 위한 가르침이지, 그것은 이론이 아니다. 예를 들어 무상함이라는 관념은 영원함이라는 관념을 극복하도록 돕기 위한 것이다. 그것은 우리가 떠받들어야 할 진리가 아니다. 가르침으로부터도 자유로워야 하는데, 그래야 그 가르침에 사로잡히지 않는다.

십이연기를 설할 때, 붓다는 "무명이 충동을 일으킨다"라고 말한다. '무명'은 실제로 발생하는 현상이 연기에 의해서 일어나고 있는 것을 이해하지 못하고, 우리의 관점에 따라서 행동한다는 것을 의미한다. 만약 우리가 무명에서 벗어나 명확히 볼 수 있다면, 우리는 다르게 행동할 것이다. 우리 각자는 크고 작든 우리 감정에 얽매여 있고, 과거의 곤경이나 고통을 겪은 경험에 얽매여 있다. 우리가 이런 감정과 경험에 얽매여 있기 때문에 우리는 계속해서 똑같은 고통을 반복하게 된다. 우리는 환경에 기계적으로 반응하는 습관이 있다. 이것이 습관의 힘이다. 다음에는 이처럼 반응하지 않고 다르게 반응할 것이라고 다짐한다. 우리는 아주 단단히 결심하며, 우리 자신에게 약속한다. 그러나 그런 일이 다시 발생하면, 우리는 여전히 옛날 방식 - 우리가 200년 전에도 그랬듯이-으로 반응한다. 그럼 왜 우리는 이런 행동을 반복적으로 되풀이하는 걸까? 사실 우리가 이처럼 행동할 때마다 우리는 다른 사람들을 고통스럽게 만들고, 우리 자신도 고통스럽게 만든다.

습관의 힘은 수천 번씩 똑같은 행동을 반복하게 하는 원인이다. 습관의 힘은 우리를 쉬지 않고 달리게 하고, 늘 무엇인가를 하게 하고, 과거나 미래에 대한 생각에 빠져 있게 하고, 우리의 고통이 다른 사람의 탓이라고 비난하게 한다. 또한 습관의 힘은 지금 이 순간 누려야 할 우리의 평화와 행복을 가로막는다.

마음챙김 수행은 그런 습관의 힘을 인식하는 데 도움이 된다. 마음챙김은 우리 안에 내재된 그런 습관의 힘을 인식할 때마다 그런 습관의 힘을 멈추게 하고, 현재 이 순간을 누릴 수 있게 한다. 마음챙김의 힘은 우리 안에 내재된 습관의 힘을 받아들이며, 그것을 변화시키도록 돕는 최고의 에너지이다.

마음챙김의 힘은 지금 이 순간을 완전히 알아차리게 한

다. 그리고 이 힘은 호흡하고, 걷고, 마시고, 먹을 때도 깨어 있는 마음으로 마음챙기며 호흡하고, 걷고, 마시고, 먹는 실천으로부터 생겨난다. 마음챙김의 힘은 그 자체 안에 필연적으로 집중력이 따른다. 당신이 무언가에 마음을 모은다면, 그것이 꽃이든, 친구든, 한 잔의 차든, 마음챙김의 대상에 집중을 하게 된다. 당신이 마음을 모으면 모을수록 더 집중하게 된다. 집중력은 마음챙김의 힘으로부터 비롯된다. 그리고 만약 집중을 충분히 하게 된다면, 그 집중의 힘에는 또한 통찰력이 따르게 된다. 마음챙김, 집중력, 통찰력은 붓다가 되는 에너지들이다. 이 세 가지 종류의 에너지가 습관의 힘을 변화시켜, 치유와 양분을 이끌어 낸다.

며칠간의 마음을 챙기며 하는 호흡과 걷기만으로도 커다란 변화를 일으킬 수 있다. 물론 그 수행은 즐거워야 하고, 노동이 되어서는 안 된다. 당신이 숨을 들이쉴 때, 들숨에 주의를 돌려보라. "들숨아! 나는 내가 숨을 들이쉬고 있다는 것을 안다. 들숨아! 나는 내가 살아있다는 것을 느낀다." 이를 알아차린다면, 숨 쉬는 것은 행복이다.

습관의 힘이 일어날 때마다 우리가 그것을 받아들이고, 인식할 수 있다면, 습관의 힘이 우리로 하여금 부정적인 방식으로 행동하도록 하는 것을 막을 수 있다. 습관의 힘에게

"습관의 힘아! 내가 널 돌봐 줄게. 나는 너의 근원이 무엇인지 알고 있단다"라고 말할 수 있다.

내가 많은 대중들 앞에서 법문을 할 때면, 가끔 한 가지 일화를 들려주곤 한다. 어느 날은 수행을 열심히 하지 않는 한 스님의 이야기를 들려주었다. 그 스님은 여러 사찰들을 돌아다니며 행사가 열리는 곳마다 혹은 추모제나 기념일이 열리는 곳마다 어디든 쫓아다니는 스님이었다. 그는 자신이 몸담고 있는 사찰에서 행하는 의례는 아랑곳하지 않고, 다른 사찰에서 열리는 행사 소식을 접하게 되면, 그는 곧장 그곳으로 달려간다. 그리고 그곳에서 하루 종일 머문다.

그런데 내가 이 이야기를 단순히 재미를 위해서 하더라도, 어떤 사람들은 내가 그들을 특별히 질책하기 위해서 꺼낸 이야기라고 느낄지도 모른다. 나는 그 스님들을 특정하고 비난하려는 의도가 아니지만, 그들은 그런 습관의 힘 때문에 이 이야기를 자신들에게 상처를 주는 화살처럼 받아들인다.

우리가 고통을 받게 되면, 우리는 우리 주변의 사람들에게 고통을 주게 된다. 우리는 혼자만 고통을 받고 있다고 생각하지만, 사실은 우리가 다른 사람에게 고통을 안겨주고 있는 것이다.

안거가 끝난 후, 한 학생이 나에게 이런 편지를 보냈다.

나는 지금까지 한 번도 느껴보지 못한 행복과 평온함을 이 수련회에서 느꼈습니다. 그것은 아무도 말을 하지 않고 묵언을 해야 했기 때문입니다. 그래서 나는 나에게 다가와 나에게 상처를 주는 말을 하거나, 나에 대해서나 혹은 다른 사람에 대해서 나쁜 이야기를 하지 않을까 걱정할 필요가 없었습니다. 나는 행복하고 평온함을 느꼈습니다.

나는 그 편지를 읽고, '이 학생이 과거에 겪었을 고통이 얼마나 힘들었을까' 라는 생각을 했다. 그에게 심하게 상처를 주는 말을 한 사람이 그의 가족 중의 한 사람일 수도 있다. 나는 그 학생에게 연민을 느꼈다. 그 학생이 많은 고통을 겪었으리라는 게 눈에 선했다. 그래서 우리는 우리의 고통을 되돌아보아야 한다. 그리고 마음챙김이 없이도 어떻게 우리가 고통을 받고, 또 우리가 어떻게 다른 사람들에게 고통을 주는지 알아야 한다. 그것은 누군가의 잘못 때문일 수도 있고, 혹은 마음챙김을 통해 누구나 고통을 겪고 있다는 생각을 헤아려보지 않았기 때문일 수도 있지만, 똑같은 고통을 우리 자신이 다른 사람들에게 끼치는 경우도 자주 있다. 마음챙김의 빛이 우리 모두에게 비칠 때, 우리는 빛, 안락, 그리고 자유로 한 발짝 나아갈 것이다.

우리가 과거의 거듭된 생에서 받아 왔던 고통은 이루 헤아릴 수 없다. 과거의 거듭된 생에서 받아 왔던 고통과 비교해 보면 오늘날의 우리의 고통은 아주 작은 것에 불과하다. 그런데 우리는 왜 계속해서 서로가 서로에게 고통을 안겨 주는가? 바다에서는 큰 물고기가 작은 물고기를 잡아먹는다. 어린 물고기가 어미를 따라 헤엄을 치고 있는데, 갑자기 뒤에서 큰 물고기가 다가와 입을 벌리면 그 어린 물고기는 큰 물고기의 먹이가 되고 만다. 강에서는 배가 고픈 곰들이 강가에 내려와 날카로운 발톱으로 먹이를 낚아 채 물고기를 잡아먹는다. '왜 다른 물고기는 잡히지 않고 먹히지 않는가? 오늘 왜 나는 잡혀 먹히고 마는가?' 새끼 오리들이 어미 오리들을 따라가고 있다. 어미 오리가 벌레들을 먹고 있는 동안, 큰 새가 새끼 오리들 가운데 한 마리를 와락 낚아채 간다. 이것은 우리가 과거에 쭉 겪어 왔던 고통의 종류이다. 우리가 그 새끼 오리이고, 우리가 그 물고기이다. 때때로 어미 암탉이 위험을 알아채고 새끼들을 보호하기 위해 날개를 펼친다. 그렇게 하여 큰 새가 급습하여 새끼들을 낚아채지 못하도록 한다. 때때로 우리는 우리 아이들을 보호하려고 하지만 성공하지 못하는 경우가 있다. 그리고 이러한 고통들은 삶에서 항상 발생한다. 우리는 새들처럼, 물고기처럼, 나무들처럼 고통을 받아 왔다. 그리고 이런 모든 고통들이 쌓여 우리 안에 엄청난 고통이 되었다(지금도 우리가 이와 똑같은 행동을 하는 것은 바로 이런 습관의 힘 때문이다).

우리의 수행 공동체인 상가(Sangha : 승가)는 우리가 고통을 일으키는 습관의 힘을 끊도록 돕는 중요한 역할을 한다. 중도에 관한 경전은 하나의 '자아', 즉 '나'라는 생각은 하나의 조개껍데기와 같다는 것을 우리에게 상기시킨다. 우리가 자아라는 딱딱한 껍데기로부터 벗어날 때 비로소 우리는 현재의 우리의 고통이 우리의 조상들의 고통이고 또 우리의 후손들의 고통이라는 것을 깨달을 수 있다. 우리는 우리의 어머니의 연속이다. 우리는 우리의 어머니이다. 우리의 아이들은 이미 우리 안에 있다. 고통도 함께 한다. 그래서 우리는 한 순간 혹은 하루의 수행도 낭비해서는 안 된다.

매일매일은 우리에게 기회이다. 우리가 고통으로부터 벗어나 자유를 실현할 기회이다 – 우리의 조상들을 자유롭게 하고, 우리 안에 내재된 후손들을 자유롭게 할 수 있는 기회이다. 마음챙김을 통해, 우리는 공포와 괴로움으로 가득 차 있는 우리의 삶의 순간들을 되살려 떠올려 볼 수 있다. 마음챙김 호흡을 하면서, 우리는 우리의 모든 조상들과 우리의 모든 후손들을 위해 숨을 쉴 수 있다. 내가 숨을 쉴 때, 한 분의 어머니나 한 아이를 위해서 숨을 쉬는 것이 아니라 수많은 어머니와 수많은 아이들을 위해서이다. 만약 우리가 이처럼 숨을 쉬면서 제대로 수행하고, 또 수행을 하면서 내는 통찰력이 중도의 통찰력이라면, 그처럼 십 분 동안 숨을 쉬는 것으로도 자유를 얻게 할 수 있다.

'바른 견해'와 '연기'에 대한 가르침도 이와 마찬가지로 다른 사람들과 함께하는 방법을 우리에게 알려주는 것이다. 우리가 다른 사람들을 주의 깊게 들여다보는 것은 동시에 우리 자신을 유심히 들여다보는 것과 같다. 만약 우리가 어떤 사람을 우리가 아닌 다른 누군가라고 생각하고, 그 사람의 성공이나 실패를 우리와 아무런 상관이 없다고 생각한다면, 그것은 우리가 주의 깊게 들여다보지 못한 것이다. 다른 사람의 행복은 우리 자신의 행복과 연관되어 있다. 만약 우리가 행복하지 않다면, 다른 사람도 행복할 수 없다. 그리고 더 나아가 우리의 공동체도 행복하지 않게 된다.

원숭이는 과일 껍질이 수많은 깔끄러운 가시들로 덮여 있는 과일도 그 속은 아주 달콤하다는 것을 안다. 그래서 까끌까끌한 과일의 껍질을 벗겨내기 위해서 돌을 사용한다. 우리의 삶에서도 너무나 까다로워서 말을 걸거나 함께 하기 어렵다고 느끼는 사람들이 있다. 우리는 그들을 너그럽지 못하고 엄격한 사람으로 바라보면서 우리를 포용하거나 받아들일 수 없는 사람이라고 생각한다. 그러나 그것은 첫인상에 지나지 않다. 그 사람 내면에는 제법 큰 사랑과 연민이 있는데도, 습관의 힘에 가려져 있어 보이지 않을 뿐이다.

만약 우리가 유심히 들여다보고, 그래서 그 사람을 막고 있는 것이 무엇인지 안다면, 우리는 그것을 벗겨내도록 도울 수 있다. 만약 우리가 습관의 힘으로 덮여 있는 껍질을 깨기만 한다면, 우리는 그 사람의 내면에 담겨 있는 사랑의 달콤함을 맛보게 될 수 있다. 원숭이가 딱딱하고 까칠까칠한 껍질을 벗겨내고 그 속에 과일의 맛을 만끽하듯이 우리도 할 수 있다.

수행의 목적은 현상계現象界라는 들판으로부터 본질의 차원, 즉 진여의 세계로 내면 깊숙이 내려가는 것이다. 다시 말해 우리가 관습적인 명칭들 - 부모, 아이, 나, 너, 꽃, 구름, 오다, 가다 - 에 의해 사로잡힌 것으로부터 벗어나 모든 관습적인 명칭들을 초월하는 중도의 차원으로 다가가는 것이다.[2] 분노와 미움은 관습적인 명칭들에 사로잡혀 있기 때문에 일어난다. 만약 우리가 주의 깊게 그러면서 유심히 들여다본다면, 우리의 부모 안에서 우리 자신을 보게 된다. 그리고 우리의 자신 안에서 우리의 부모를 보게 된다. 우리가 그처럼 볼 수 있다면, 우리는 아주 깊은 차원, 진여의 세계에 닿을 수 있으며, 우리의 괴로움과 슬픔도 연기처럼 사라질 것이다.

만약 우리가 과거의 습관의 힘에 의해 계속 갇혀 있다면, 우리는 결코 우리 자신을 자유롭게 하지 못한다. 그 뿐만 아니라 우리 안에 내재되어 있는 수천 세대의 조상들과 후손들도 자유롭게 하지 못한다. 그러나 만약 우리의 일상생활의 삶 속에서, 설거지를 하거나 야채를 깨끗이 씻거나, 자동차를 운전하거나, 정원을 손질하거나, 또는 나무에 물을 주는 동안에도, 우리가 정말로 우리의 본성과 다른 사람들의 본성을 발견하기 위해 우리 자신과 서로서로를 진심으로 돌아보는 데 시간을 보낸다면, 우리는 점차 우리를 묶어 놓은 밧줄과 같은 습관의 힘으로부터 풀려날 수 있다. 공포, 슬픔, 콤플렉스들은 모두 '오고 감' 혹은 '자아와 타인'과 같은 우리의 분별하는 생각들로부터 생겨난다. 이처럼 우리의 일상생활 속에서 주의 깊게 들여다보는 일이 진정한 수행이고, 붓다가 가르친 가르침의 정수이다.

처음으로 불교를 접하더라도 곧바로 마음챙김 호흡을 쉽게 경험할 수 있는데, 마음챙김 호흡은 우리에게 안락한 마음을 갖게 한다. 그리고 마음챙김은 이런 마음을 계속해서 지속시켜주려는 성향이 있다. '내가 숨을 쉴 수 있고, 웃을 수 있고, 또 내가 화가 날 때도 숨 쉴 수 있는 것만으로도, 그럼 그것만으로도 이미 충분하다'라는 생각을 갖게 한다. 이런 종류의 사고는 우리의 모든 족쇄들을 깨부수는 데 도움을 주는 통찰력을 갖게 하고, 또 우리를 두려움이 없는 마음으로 이끄는 지혜의 가르침, 즉 무분별심의 속으로 깊이 들어간 상태에 머물게 한다. 이는 수행의 가장 위대한 선물이고 가장 위대한 열매이다. 만약 우리가 생각에 얽매어 있고, 슬픔에 사로잡혀 있고, 다른 사람이 우리를 대하는 방식에서 벗어나지 못한다면, 그것은 우리의 삶을 엄청나게 낭비하고 있는 것이다.

'바른 견해'와 '연기'에 대한 가르침은 우리에게 다른 사람들과 함께 하는 방법을 안내해 주는 역할을 한다. 우리가 다른 사람들을 유심히 들여다보는 것은 동시에 우리 자신을 유심히 들여다보는 것과 같다. 만약 우리가 어떤 사람을 우리가 아닌 다른 누군가라고 생각하고, 그 사람의 성공이나 실패를 우리와 아무런 상관이 없다고 생각한다면, 그것은 우리가 유심히 들여다보지 못한 것이다. 다른 사람의 행복은 우리 자신의 행복과 연관되어 있다. 만약 우리가 행복하지 않다면, 다른 사람도 행복할 수 없다. 그리고 더 나아가 우리의 공동체도 행복하지 않게 된다.

경전에서 말하는 중도에 대한 이해로부터 생겨난 통찰력은 습관의 힘을 부수고, 위대한 통찰과 사랑과 연민을 일으키는 에너지들을 만들어 낸다. 이런 에너지들은 고통으로부터 우리를 자유롭게 하고, 우리처럼 고통으로부터 자유롭게 할 수 있는 충분한 통찰력과 사랑을 미래 세대에게도 전하게 된다. 우리는 지금 이 순간 행복하게 살기 위해서 배워야 한다. 우리가 걷고 있는 지금 이 순간이 자유로 가는 순간이다. 이렇게 걷는 걸음은 걸음마다 우리를 자유롭게 하고, 셀 수 없는 수많은 세대들의 조상들과 수많은 세대들의 후손들을 자유롭게 할 수 있다. 한 걸음 걸을 때마다 우리가 붓다와 함께 걷고 있는 것이다.

'무명'은 실제로 발생하는 현상이 연기에 의해서 일어나고 있는 것을 이해하지 못하고, 우리의 관점에 따라서 행동한다는 것을 의미한다.

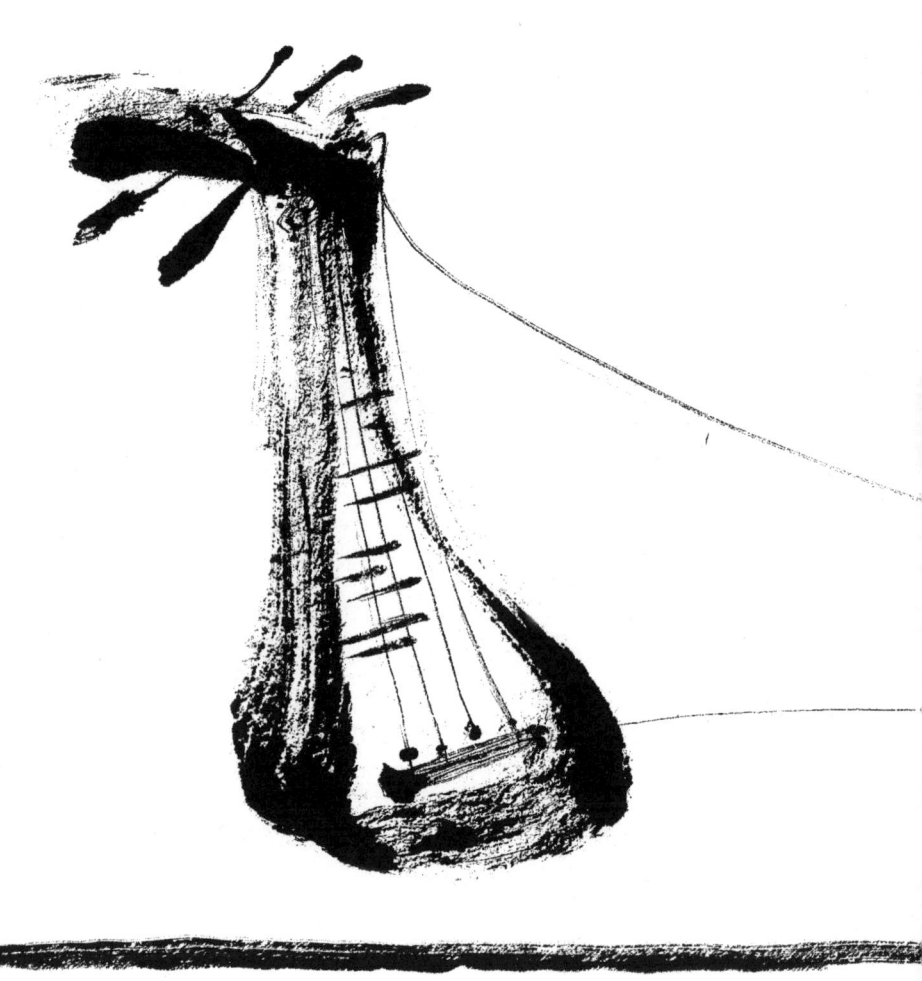

옮긴이의
해설

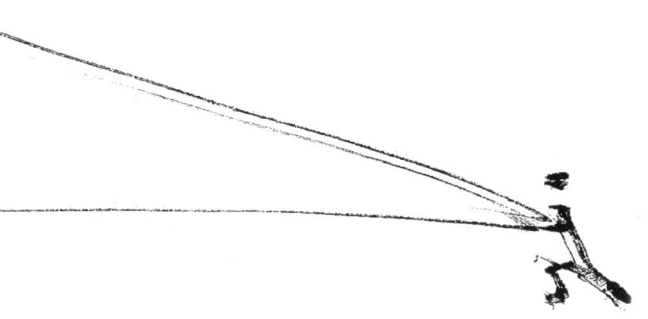

1
중도를 깨닫다

1) 싯다르타 태자가 보리수 아래에서 깨달음을 이루는 장면을 묘사한 내용 가운데 또 다음과 같은 인상적인 말이 있다.

홀로 나무 아래 정좌한 싯다르타는 번뇌의 불꽃과 생사의 매듭이 풀어지는 것을 보았다. 모든 이치가 그 앞에 밝게 드러났다. 그는 순간적으로 자신과 모든 중생의 수많은 전생을 낱낱이 보았다. 한눈에 우주 구석구석의 수없이 많은 세계를 전관ㅅ觀하였다. 그 뒤 모든 인因과 과果의 사슬도 보았다(보르헤스 외, 《보르헤스의 불교 강의》 김홍근 편역, 여시아문, 1998, 93쪽 참고).

이제 그는 싯다르타 태자에서 붓다(Buddha : 깨달은 자)로 거듭난 것이다. 그가 세상의 근원과 깊은 현상까지 꿰뚫어 본 세계는 놀라웠다. 《금강경》에 의하면, 그가 본 세계는 "갠지스 강에 있는 모래알만큼 많은 갠지스 강이 있고, 그 갠지스 강들의 모래알만큼 수없이 많은 세계이다." 그리고 인과의 법칙에 따라 중생들이 고해苦海의 바다에서 윤회를 거듭하듯이 '그 세계도 생겼다 사라졌다'를 반복하고 있다.
"이윽고 새벽녘에 이르러 사성제와 삼법인을 관하였다" 라고 한다.

2) 그러나 그가 고행도 아니고 감각적 쾌락을 탐닉하는 것도 아닌 길, '중도'를 받아들일 때까지의 그 과정은 순탄하지 않았다.

싯다르타(Siddhartha : '모든 일이 뜻대로 이루어지다'는 뜻)는 29세에 출가하여 35세에 깨달음을 얻어 붓다가 될 때까지 6년간을 혹독한 고행을 하였다. 그러나 그런 고행에도 불구하고 바라던 자유를 경험하지 못한다.

그는 다음과 같이 육체의 무상함과 직면하게 된다.

빈약한 영양섭취로 나의 몸은 몹시 야위었다. 손으로 배를 만지면 등뼈가 닿았다. 등뼈를 만지면 배가 만져졌다. ……손으로 팔다리를 문지르자 뿌리가 썩은 몸의 털들이 빠졌다(폴커 초츠, 《붓다》, 김경언 옮김, 한길사, 1997, 50쪽 참고).

그는 사문(沙門 : 산스크리트어 Sramana를 소리나는 대로 적은 것으로 '노력하는 사람'이라는 뜻)이 실현할 수 있는 가장 극한의 고통을 감수했다. 입과 코와 귀의 들숨과 날숨을 모두 막으며 숨 쉬는 욕구마저도 참아내려 했다. 그렇지만 깨달음에 더 가까이 다가갔다고 느끼지 않았다.

"마침내 그는 '어쩌면 다른 길이 있지 않겠는가'라고 자문한다. 그리고 어렸을 때의 체험을 기억하고 한 사건을 떠올리면서 그 해답을 찾는다.

샤카 가문의 내 아버지가 일을 할 때면 나는 서늘한 정향나무 그늘 밑에 앉아 있었다. 욕망으로부터 멀리, 위험한 것들로부터 멀리 있으면서 나는 기쁨과 행복을 본질로 하는 ……최초의 선정(禪定 : 산스크리트어 '댜나dhyana'를 소리나는 대로 적어 선나禪那라고 하는데, 이를 줄여서 선禪이라고 한다. 원래 댜나는 '명상'을 뜻하는 데, 선은 있는 그대로를 직관하는 수행이다)에 도달했다……. 이 회상을 하고 나자, '이것이 바로 깨달음으로 가는 길이구나!'라고 깨달았다.

그것은 '정향나무의 서늘한 그늘 속에' 머무르는 것이었다. '탐욕과는 멀리 떨어진' 쾌적한 장소, 다시 말해 바라는 바가 없는 행복의 상태에 머무르는 것, 그는 바로 그 순간 존재하는 것에 만족했다. 그는 그것을 진실로 받아들였고, 더 이상 아무것도 바라지 않았으며, 순간의 현실을 고치려고도 하지 않았다.

싯다르타가 어렸을 때의 체험을 되살렸을 때의 기분은 이제껏 단식과 호흡을 억제하면서 겪었던 고통과는 반대였다. 싯다르타는 기억을 좇아, 다시 그런 식으로 바랄 것이 없는 상태를 표상하고자 시도했다. 이윽고 새벽녘에 이르러, 싯다르타는 보리수 아래에서 선정에 든다. 이때 그는 네 가지 '선'의 과정이라 묘사한 내적인 체험에 이르게 되고, 깨달음을 얻는다(폴커 초츠, 《붓다》, 김경언 옮김, 한길사, 1997, 54~57쪽 참고)."

3) 붓다가 깨달음을 얻은 후, 바라나시 교외에 있는 이시파타나의 녹야원(鹿野苑 : 사슴 동산)에서 처음으로 법을 설한 것을 말한다. 이를 '초전법륜(初轉法輪 : 처음으로 법의 수레

바퀴를 굴렸다는 뜻'이라고 한다. 붓다는 이때 처음으로 중도, 네 가지 성스러운 진리, 여덟 가지 바른 길의 가르침을 다섯 수행자에게 설한다.

붓다가 설한 법을 수레바퀴에 비유한 것은 세 가지 의미가 있다. 첫째는 원만의 뜻으로 붓다가 설한 법은 원만하여 부족함이 없는 것을 수레바퀴의 둥근 모양에 비유한 것이고, 둘째는 타파의 뜻으로 수레바퀴를 돌려 어떤 물건을 부서뜨리듯이 중생의 번뇌망상을 타파시키는 것을 비유한 것이고, 셋째는 구르다의 뜻으로 붓다의 법이 굴러 어느 곳에나 이르지 않는 곳이 없다는 것을 비유한다. 그래서 흔히 붓다가 '설법했다'를 '법륜을 굴렸다' 혹은 '법의 수레바퀴를 굴렸다'라고 말한다.

그 후 그는 열반에 들기 전까지 45년간 중생을 구제하기 위해서 끊임없이 길을 떠난다. 그는 길에서 태어나, 길에서 깨달음을 얻고, 길에서 법을 설하다가, 길에서 죽는다.

4) 이를 사성제(四聖諦 : Four Noble Truths)라 한다. '네 가지 성스러운 진리'는 '고苦', '집集', '멸滅', '도道'를 말한다. 이를 간단히 '사제四諦'라고도 한다. '고'는 괴로움이고, '집'은 괴로움의 원인이고, '멸'은 괴로움의 소멸이고, '도'

는 괴로움의 소멸에 이르는 길이다. 사성제는 고대로부터 내려오는 병을 낫게 하는 요법인 '발병, 진단, 처방, 치유'의 네 단계의 과정을 우리 인생의 문제에 적용한 것이라고 생각하면 된다.

"붓다가 설한 '고'는 세 가지이다. '고고苦苦', '행고行苦', '괴고壞苦'가 그것이다.
'고고'는 본디부터 괴로운 조건에서 생겨난 고이다. 격심한 추위나 더위는 본디 괴롭고, 갈증의 상태도 본디 괴롭다. 그런 괴로운 조건에서 생긴 괴로움이 고고이다.
'행고'에서 행은 '모든 것은 흘러간다'는 뜻의 무상함을 나타내는 말이다. 그것으로 말미암아 생기는 괴로움이 행고이다.
'괴고'는 '즐거움이 파괴됨은 고'라는 뜻이다. 부귀를 마음껏 누리던 사람이 어느덧 몰락하는 비애를 맛보고, 활짝 피어났던 꽃도 이윽고 지고 만다. 사람들은 즐거움에 집착하는 까닭에 그것이 파괴될 때 괴로움을 느낀다. 이러한 세 가지 괴로움 가운데 붓다가 주로 문제 삼은 것은 행고이다(폴커 초츠, 《붓다》, 김경언 옮김, 한길사, 1997, 97쪽 참고)."

즉 존재하는 모든 것은 무상하다. 따라서 인생은 '고'이다. 태어나고, 늙고, 병들고, 죽는 것도 괴로움이다. 미워하는 사람을 만나는 것도 괴로움이고, 사랑하는 사람과 이별하는 것도 괴로움이다. 그리고 구하는 것을 얻지 못하는 것도 괴로움이다.

한마디로 말하면, '고'는 괴로움으로 가득 찬 현실을 바르게 보는 것이다.

'집'은 괴로움의 원인으로 집착과 갈애이다. 즉 자아에 대한 집착이다. 모든 탐욕과 괴로움은 자아에 대한 집착으로부터 생기기 때문이다.

'멸'은 괴로움의 원인인 집착과 갈애를 남김없이 소멸하고 버리는 것이다. 괴로움이 없는 세계, 즉 열반의 세계이다. 그러나 그 열반은 이상향인 언덕 저 너머 피안의 세계만을 의미하는 것이 아니다. 지금 이 순간 괴로움이 없는 세계가 열반이고 해탈이다.

'도'는 괴로움의 소멸에 이르는 길, 곧 '팔정도'이다.

5) 여덟 가지 바른 길, 즉 팔정도(八正道 : Noble Eightfold Path)는 '바른 견해', '바른 생각', '바른 말', '바른 행동', '바른 생활', '바른 노력', '바른 마음챙김', '바른

집중'이다. 이렇듯 여덟 가지 길은 모두 '바른'이라는 말로 시작한다. 팔리어에서 '바른正'은 '삼마samma'라고 한다. 삼마는 '완벽한, 이상적인' 뜻 외에도 '함께, 완성, 응집'이라는 뜻이 있다. 이는 여덟 가지 바른 길 하나하나가 별개의 것이 아니고, 또 하나씩 단계적으로 이루어지는 것이 아니라는 의미를 담고 있다. 팔리어에서 '길道'을 '막고maggo'라는 단수형으로 표시하고 있는 것도 이를 뜻한다. 팔정도의 영어 번역도 'Noble Eightfold Path'라고 하여 '길Path'을 복수가 아닌 단수로 표현하고 있다. 여덟도 그냥 '여덟eight'이 아닌 '팔중(Eightfold : 八重)'으로 표현하고 있는 것도 마찬가지이다. 여덟 가지 바른 길을 간략히 설명하면 이렇다.

'바른 견해(正見 : Right View)'는 사성제와 인과의 법칙, 즉 모든 것은 인과 연에 따라 생겨나고, 생겨난 모든 존재는 무상하고 무상한 것은 괴로움이라는 것과 극단적인 시각이나 이분법적 사고에서 벗어나 모든 사물을 연기적 존재로 바라보는 것이다.

'바른 생각(正思, 正思惟 : Right Thought)'은 현상적인 모든 사물은 변치 않는 고유한 자아 혹은 자성을 가진 게 아니라 인과 연에 따라 형성된다는 것을 기억하고, 이를 바탕으로 사유하는 것이다. 이러한 사고는 자비심을 낳는다. 따라서 모든 이기적인 욕망, 질투, 증오, 성냄은 결국 이런 지혜의 결핍에서 비롯된다.

말은 그 사람의 마음이고 생각이다. '바른 말(正語 : Right Speech)'은 자비심이 깃든 말이다. 다른 사람이 두려움을 갖거나 편안치 못한 마음을 갖게 하거나, 여기서 들은 말을 저기서 함으로써 그곳 사람들을 둘로 갈라놓는 일을 하지 않는 것이다. 바른 말은 친절하고 듣기에 나무랄 데 없고 유쾌하고 자비로운 말을 하는 것이다.

'바른 행동(正業 : Right Action)'은 존재하는 모든 것의 행복을 생각하고 자비를 베푸는 일이다. 행위 역시 그 사람의 마음이고 생각이다. 부드러운 마음으로 자비롭게 모든 생물의 행복을 생각한다면, 함부로 살생하거나, 남의 물건을 훔치거나, 부도덕한 거래를 하거나, 성적인 방종을 하지 않을 것이다.

'바른 생활(正命 : Right Livelihood)'은 떳떳하고 정당한 방법으로 생계(의식주)를 꾸려가는 것이다. 자신의 생활이 다른 사람에게 불이익이 되거나, 남에게 해를 끼칠 우려가 있는 일(예를 들면, 무기, 마약 같은 흥분제, 독毒 같은 것을 거래하는 장사)을 하거나, 사기를 치거나, 감언이설로 꾀고, 암시를 하고, 단순히 이익만을 탐내는 생활은 결코 행복한 삶이 아니다.

'바른 노력(正勤, 正精進 : Right Effort)'은 깨달음에 이르기 위해 부지런히 '네 가지 노력(이를 '사정근四正勤'이라 한다)'을 하는 것이다. 이미 생긴 악은 없애려고 노력하고, 아직 생기지 않은 악은 미리 방지하고, 이미 생긴 선은 더욱 자라게 하고, 아직 생기지 않은 선은 생기도록 노력하는 것이다.

'바른 마음챙김(正念 : Right Mindfulness)'은 깨어있는 마음이다. 일상생활의 삶에서도 항상 '제행무상(諸行無常 : 모든 것은 변하며 무상하다)', '일체개고(一切皆苦 : 모든 것은 무상하고 무아이므로 괴로움이다)', '제법무아(諸法無我 : 모든 존재는 나라는 실체가 없다)'를 기억하며 언제나 염두에 두고 잊지 않는 것이다(이를 '삼법인三法印'이라 한다). 즉 일상생활의 삶 속에서도 현상적인 모든 사물은 인과 연에 따라 형성된다는 것을 알아차리는 것이다.

'바른 집중(正定 : Right Concentration)'은 선정禪定, 즉 삼매三昧에 드는 수행이다(명상에는 삼매 즉 사마디samadhi와 비파샤나vipasyana가 있다. 사마디는 마음을 집중, 통일시키는 수행이고, 비파샤나는 통찰하는 수행이다. 다시 말해 사마디는 마음을 집중시킴으로써 마음을 가라앉히는 것이고, 비파샤나는 사물을 있는 그대로 보는 것이다. 따라서 사마디는 바파샤나, 즉 '통찰력'과 '바른 견해'를 얻기 위한 수단이다. 폴커 초츠, 《붓다》, 김경언 옮김, 한길사, 1997, 129쪽 참고).

그러면서 모든 것과 자신을 동일하게 놓으며, 위, 아래, 사방팔방, 온 세계를 자비와 연민, 더불어 함께 나누는 기쁨, 평등심으로 가득 찬 한없는 자비심을 갖도록 집중의 대상을 넓혀 나가는 것이다. 즉 한없는 중생을 어여삐 여기는 네 가지 마음을 얻는 수행이다(이를 '사무량심四無量心'이라 한다). 사무량심은 '자무량심(慈無量心: 한량없는 중생에게 즐거움을 주려는 마음)', '비무량심(悲無量心: 한량없는 중생의 괴로움을 덜어 주려는 마음)', '희무량심(喜無量心: 한량없는 중생이 괴로움을 떠나 즐거움을 얻고 기뻐하게 하려는 마음)', '사무량심(捨無量心: 한량없는 중생을 차별하지 않고 평등하게 대하려는 마음)'이다(폴커 초츠, 《붓다》, 김경언 옮김, 한길사, 1997, 130~131쪽 참고).

이와 같이 붓다는 그의 최초의 법문에서 '중도', '네 가지 성스러운 진리', 그리고 '여덟 가지 바른 길'에 대해 설하였다. 그리고 이 가르침들은 그가 열반에 들 때까지 계속 이어진다.

6) 그 당시 인도는 카스트 계급이라는 엄격한 신분제 질서를 유지하였는데, 이는 바라문에 규정된 사성(四姓 : 브라만, 크샤트리아, 바이샤, 수드라) 제도에서 기원한 것이었다. 그러나 붓다는 모두가 평등하다고 선언한다. 이는 카스트 제도, 민족, 국가라는 기존의 전통적인 권위를 완전히 무너뜨리는 선언이었다. 그리고 이보다 더 놀라운 것은 그는 우리가 상상할 수 없는 큰 자비심을 가졌다는 점이다. 그는 인간만이 아니라 짐승을 비롯한 세상의 모든 생명체가 평등하며 어떤 차별도 두어서는 안 된다고 가르쳤다. 이 모두가 2500년 전에는 상상도 할 수 없는 혁명적인 사건이었다.

7) 초대 기독교가 낳은 위대한 철학자이자 사상가가 아우구스티누스라면, 초대 불교가 낳은 위대한 철학자이자 사상가가 바로 나가르주나이다. 아우구스티누스가 초대 기독교에 '삼위일체'를 포함한 기독교의 교리를 체계화하였다면, 초대 불교에 '공空'을 포함한 불교의 교리를 체계화하는 데 크게 기여한 인물이 바로 나가르주나, 즉 용수龍樹이다.

원래 그의 이름은 나가르주나(Nagarjuna : 인도의 승려, 약 150?~250?)이다. 용수龍樹는 산스크리트어로 용龍을 뜻하는 나가naga와 나무樹를 뜻하는 아가르주나agarjuna를 한자로 옮긴 것이다.

그는 모든 현상은 인과관계, 즉 인(因 : 직접 원인)과 연(緣 : 간접 원인)으로 나타난다는 붓다의 연기법을 바탕으로 대승불교의 기반이 된 '공'을 논증하였다.

그의 저서 《중론(中論 : Madhyamaka Shastra)》은 '부정의 극복을 통해 얻는 대긍정'의 가르침을 담고 있다. 여기서 그는 모든 현상은 인과관계로 나타나는 것이므로 스스로 독립해 존재하는 불변의 실체가 없기 때문에 모든 존재는 "무자성無自性이므로 공空이다"라고 말한다. 그는 이러한 자기 동일성의 부정을 통해 '공'에 대한 논증을 해나간다.

그는 "모든 사물은 그것을 그것이게 하는 고유한 자성이나 실체성이 없다. 일찍이 한 가지도 인연을 좇아 일어나지 않은 것이 없다. 그러므로 어떠한 존재도 공 아닌 것이 없다. 즉 '연기'는 '공'인 것이다"라고 말한다.

그러나 그것은 부정적인 것이나 허무를 의미하는 것이 아니다. 중심의 부정은 다원多元을 낳고, 실체의 부정은 상호연관성을 낳는다. 무아이기 때문에 진정한 자유를 얻을 수 있다. 그의 저서 《중론》의 주제는 이런 의미의 '공' 사상이며, 그것은 곧 붓다가 말한 연기와 다르지 않다. 이는 붓다의 가르침을 또렷이 드러내어 원래의 가르침으로 되돌아가려는 노력이었다.

    8) 《금강경(金剛經 : Diamond Sutra)》은 산스크리트어로 'vajracchedika prajnaparamita sutra'이다. vajra는 '벼락, 번개, 금강석'이라는 뜻이고, cchedika는 '자르는 것, 부수는 것'이라는 뜻이다. prajna는 '반야, 지혜'라는 뜻이고, paramita는 '저 언덕에 이른 상태, 완성'이라는 뜻이다. 따라서 반야바라밀般若波羅蜜은 prajnaparamita를 음역한 것으로, '지혜의 완성'이라는 뜻이다. sutra는 '경經'이라는 뜻이다. 이런 의미에서 《금강경》은 일체의 고정관념을 벼락처럼 부수거나, 혹은 단단하고 날카로운 금강석처럼 잘라내어 완전한 지혜를 얻는다는 뜻을 담고 있다.

    9) 《금강경》은 붓다와 제자가 대화를 나누는 형식으로 전개된다. 즉 수보리(須菩提, Subhuti : 붓다의 10대 제자 중 하나로 공空의 이치를 가장 잘 깨달아 '해공제일解空第一'이라 일컬음)가 물으면 붓다가 대답하거나, 붓다가 수보리에게 '어떻게 생각하느냐?'고 물으면 수보리가 대답하는 형식으로 전개된다.

    수보리의 첫 번째 질문은 "아뇩다라삼먁삼보리를 구하

려는 마음을 낸 선남자 선여인은 어떻게 살아야 하고 어떻게 그 마음을 다스려야 합니까?"이다. 즉 '깨달음을 얻기 위해서 어떻게 살아야 하고, 어떻게 그 마음을 다스려야 합니까?'라는 질문이다. 이때 붓다가 "자아라는 생각, 인간이라는 생각, 중생이라는 생각, 목숨이라는 생각을 갖지 말라"고 말한다. 즉 '아상我相', '인상人相', '중생상衆生相', '수자상壽者相'을 버리라고 하는데, 여기서 말한 네 가지 버려야할 관념은 이를 말한다.

《금강경》의 핵심은 반야바라밀, 즉 지혜의 완성이다. 지혜의 완성이란 생각이나 관념이 타파되고, 얽매임이 없고, 차별을 두지 않고, 집착과 견해가 끊어진 상태이다.

"아뇩다라삼먁삼보리는 산스크리트어 anuttara samyak sambodhi를 소리 나는 대로 적은 것으로, anuttara는 '가장 뛰어나고', samyak은 '바르고', sambodhi는 '원만한 깨달음'을 뜻한다. 즉 무상정등각無上正等覺이라는 뜻이다(《금강경》, 곽철환, 살림, 2010, 83쪽 참고)."

10) 붓다는 인간은 다섯 가지 요소, 즉 색, 수, 상, 행, 식으로 구성 되어 있다고 말한다. 이를 오온(五蘊 : panca khandha)이라고 한다.

'색(色 : 루파rupa)'은 물질적인 요소로 육체이다.

'수(受 : 베다나vedana)'는 고통, 쾌락, 감정, 느낌 같은 감수 작용이다.

'상(想 : 삼스냐samjña)'은 상을 떠올리며 대상에 다양한 개념과 관념을 형성하는 표상 작용이다.

'행(行 : 삼스카라samskra)'은 수·상·식 이외의 모든 마음의 작용을 총칭한 것으로 특히 충동이나 행위를 일으키는 의지 작용이다.

'식(識 : 비지냐나vijñana)'은 대상을 구별하고 인식하고 판단하는 의식 작용이다.

그래서 인간은 식識이 색色과 접촉함으로써 정신 작용을 일으킨다. 즉 색에 대한 감수 작용, 감수에 의한 표상 작용, 표상에 의한 의지 작용이 일어난다.

그런데 감각적인 존재에서는 '이 몸이 나다'라고 생각하기 쉽다. "그러나 육체는 자아가 아니다. 몸은 무상하고, 생성되는 것은 자아가 아니고, 변하는 것은 나의 것이 아니고, 나의 것이 아닌 것은 내가 아니고, 내가 아닌 것은 자아가 아니다. 자아는 덧없는 환상이고 무지이다. 존재하는 것처럼 보이지만 비존재로 연결된 일시적인 존재일 뿐이다(카를 야스퍼스, 《위대한 사상가들 : 소크라테스, 석가모니, 공자, 예수》, 권영경 옮김, 책과 함께, 2005, 73~75쪽 참고)."그럼에도 불구하고 우리는 자아에 집착한다.

그러나 바로 그 자아에 대한 집착으로 인해 고통이 생긴다.

다시 말해 고품의 뿌리는 에고(ego : 자아)의 생존욕에 있다. 그 생존욕은 '나'와 '나 아닌 것'으로 갈라지고……, 이를 바탕으로 온갖 이분二分의 분별과 감정이 잇따라 일어나게 된다. 중생의 마음은 그 '이분'의 양쪽을 끊임없이 오락가락하므로 불안정하다. 안정되지 않은 마음 상태가 곧 '고'이다. 따라서 에고의 생존욕이 있는 한 '고'일 수밖에 없다. 결국 중생의 삶이란 에고의 만족을 위한, 에고에 상처를 입지 않기 위한 갈등에 지나지 않고, 에고의 올가미에 걸려든 그 삶은 탐욕과 불안에 휘몰릴 수밖에 없다. 따라서 아뇩다라삼먁삼보리(깨달음)는 에고의 죽음, 즉 '자아라는 생각'과 '자아에 대한 집착'의 소멸이다(《금강경》, 곽철환, 살림, 2010, 3~4쪽).

그러나 사실 우리는 '자아라는 생각'과 '자아에 대한 집착'을 버리기가 쉽지 않다. 우리가 '연기적 존재'라는 사실을 깨닫더라도 자신의 생김새나 육체를 바라보면서 '이렇게 생긴 것이 나다. 고로 나는 존재한다'라는 생각을 떨치기가 쉽지 않다. 그래서 붓다는 다섯 비구들에게 다음과 같은 비유를 들어 말한다.

몸(色 : 물질)은 '나' 혹은 '자아'가 아니다. 만약 몸이 자아라면 몸에 병이 생기지 않을 것이고, 몸에게 "나를 위해 이렇게 되어라, 저렇게 되지 마라"고 하면 뜻대로 되어야 할 것이다. 그러나 몸은 자아가 아니기 때문에 몸에 병이 생기고, 몸에게 "나를 위해 이렇게 되어라, 저렇게 되지 마라"고 하여도 뜻대로 되지 않는 것이다.
또한 몸은 영원한가? 무상한가? 무상하다. 그러면 무상하고 변하는 것을 두고 "이것은 나의 것이다. 이것이 나이다. 이것이 나의 자아다"라고 말할 수 있는가? 그럴 수 없다. 따라서 몸은 나의 것이 아니고, 내가 아니고, 나의 자아가 아니다. 이것이 '바른 견해'이다(《고타마 붓다의 생애》, E. H. 브루스터 편저, 박태섭 옮김, 시공사, 1996, 79쪽 참고. 《잡아함경 1》, 〈비아경非我經〉, 김월운(월운스님) 옮김, 동국역경원, 2008, 45~46쪽 참고).

11) 붓다가 발견한 깨달음은 인간을 포함한 모든 존재

가 누릴 수 있는 해탈의 길이고, 인간과 자연 역시 인과 과의 사슬로 얽혀 있음을 말한다. 심층생태론Deep ecology은 일종의 생태철학으로 1973년 노르웨이의 철학자 네스A. naess가 처음으로 사용한 용어이며, 그가 그 이론적 토대를 마련하였다. 이 역시 그 바탕은 인간과 지구상에 존재하는 모든 생명체는 본래의 가치를 지니고 있으며, 모든 생명체와 자연은 상호 의존적이고 서로 얽혀 균형을 이루고 있다는 것이다. 사실 생태계의 근본적인 위기의 원인은 이 같은 사실을 무시한 결과이다. 모든 가치를 인간적 측면에서 평가하고, 자연을 인간의 욕망을 충족시키기 위한 자원이나 물질로 파악하는 인간 중심의 세계관에서 비롯된 것이다. 따라서 생태계 위기를 근본적으로 해결하기 위해서는 모든 생명이 평등하고 서로 공생할 수 있는 생태적 세계관으로의 대전환이 필요하다는 주장이다.

12) 우리가 아는 지혜에는 두 가지가 있다. 하나는 겉모습이나 무엇을 근거로 해서 아는 '분별지(分別智 : anubodha)'이다. 이것은 조건에 따른 앎이다. 이것은 불확실하고 깊지 못하다. 다른 하나는 사물의 본성을 꿰뚫어 봄으로써 얻는 '무분별지(無分別智 : pativedha)'이다. 이것은 통

찰력을 통해 얻는 지혜이다. 이것은 모든 사물이 상호 의존적인 존재라는 것을 깨닫는 연기적 사고, 즉 '바른 견해'를 통해서 얻는 지혜이다.

그러나 '분별심'은 타인과 나, 좋고 싫음, 옳고 그름 따위를 헤아려서 판단하려는 마음이고, 이는 사물을 있는 그대로 인식하지 못해서 생긴 것이다. 우리가 사물을 있는 그대로 인식하지 못하고 무엇이든 분별하려는 습관의 힘이 있는 것은 사물의 본성을 꿰뚫어 보지 못하고 진실하고 깊은 이해를 하지 못하는 분별지 때문이다. 그래서 괴로움이 생긴다.

13) 내가 과거에 존재했는지 존재하지 않았는지, 내가 미래에 존재할 것인지 존재하지 않을 것인지. 내가 지금 존재하는지 존재하지 않는지. 사람들이 물어보면, 때에 따라 붓다는 이렇게 대답했다.

나는 과거에 존재했다. 그리고 나는 존재하지 않았다. 나는 미래에 존재할 것이다. 그리고 나는 존재하지 않을 것이다. 나는 지금 존재한다. 그리고 존재하지 않는다. ……과거에는 내 과거의 존재가 현실이었고, 미래와 현재의 존재는 비현실이었다. 미래에는 나의 미래의 존재가 현실이며, 과거와 현재의 존재는 비현실이 될 것이다. 현재에는 나의 현존재가 현실이며, 과거와 미래의 존재는 비현실이다(폴커 초츠, 《붓다》, 김경언 옮김, 한길사, 1997, 106쪽).

따라서 이러한 질문은 '나는 존재한다' 혹은 '나는 존재하지 않는다'라는 관념에 사로잡혀 있을 때 일어나는 질문들이다. '나는 존재한다. 혹은 나는 존재하지 않는다'와 같은 관념은 극단적인 견해로 우리가 넘어서야 할 관념이다.

14) 〈화엄일승법계도華嚴一乘法界圖〉에도 이와 비슷한 말이 나온다. 〈화엄일승법계도〉는 《화엄경華嚴經》의 내용을 의상대사가 그 핵심을 간결한 게송으로 읊은 것인데, 그 가운데 '일중일체다중일(一中一切多中一 : 하나 속에 모든 것이 있고, 모든 것 속에 하나가 있다)', '일즉일체다즉일(一卽一切多卽一 : 하나가 곧 모든 것이고, 모든 것이 곧 하나이다)이라고 읊은 게송이 있다. 이 게송 역시 이를 표현한 말이다.

2

경전에서
말하는
중도란 무엇인가?

1) 붓다의 10대 제자 가운데 하나이다. 그는 법문 해설이 뛰어나고 논리에 밝아 '논의제일論議第一'이라 일컬어진다. 가전연迦旃延은 산스크리트어 Kaccayana를 음역한 것이다.

2) 여래(如來 : Tathagata)는 산스크리트어 thata(如 : 그와 같이)에 하나는 '가다'의 뜻인 gata를 붙여 과거의 부처와 같은 길을 걸어 '피안으로 간 자'라는 뜻과 또 하나는 '오다'의 뜻인 agata를 붙여 과거의 부처와 같은 길을 걸어 '현세에 온 자'라는 의미를 담고 있다.

3) 여기서 말하는 '정신적 의지'는 영어로 internal formations 혹은 internal knots를 번역한 말이다. 이는 분별심, 편애, 집착, 애착, 번뇌 같은 온갖 '정신적 구성물'을 뜻한다. 즉 삼스카라samskara의 의미이다. 산스크리트어 samskara는 행, 충동, 의지 혹은 의지 작용 등을 의미한다. 이를 팔리어로는 상카라sankhara라고 하는데, Sankhara는 '형성물 혹은 형성력'을 의미한다. 따라서 여기서 말하는 '정신적 의지'는 온갖 '정신적 형성물'을 뜻한다.

4) '법法', 즉 '다르마dharma'는 문맥에 따라 대체로 네 가지의 뜻이 있다. 하나는 '진리'라는 의미로 사용되는 경우이고, 또 하나는 여기서 말하는 법의 경우처럼 붓다의 '가르침'이나 '불법'을 뜻하기도 한다. 또 다른 하나는 제법무아, 법성과 같이 '존재', '사물', '현상'의 의미로 쓰이는 경우이고, 또 다른 하나는 '생각', '관념'의 의미로 쓰이는 경우이다.

5) 12연기 가운데 명색과 여섯 개의 감각기관은 서로 밀접한 관계가 있다. 여섯 개의 감각기관을 육근(六根 : '육처六處' 혹은 '육입六入')이라고 하는데, 이것이 인식하는 주

체로 다음과 같다.

안眼 : 시각 기관, 즉 눈

이耳 : 청각 기관, 즉 귀

비鼻 : 후각 기관, 즉 코

설舌 : 미각 기관, 즉 혀

신身 : 촉각 기관, 즉 몸

의意 : 인식과 생각의 기관, 즉 여섯 번째 감각기관인 '마음' 혹은 '의식'을 말한다.

그리고 '6경六境'은 그 대상이다. 즉 명색(名色 : 정신과 물질)을 말한다.

색色 : 시각 기관의 대상, 즉 색깔이나 형태

성聲 : 청각 기관의 대상, 즉 소리

향香 : 후각 기관의 대상, 즉 냄새

미味 : 미각 기관의 대상, 즉 맛

촉觸 : 촉각 기관의 대상, 즉 감촉

법法 : 마음 작용의 대상, 즉 생각이나 관념 및 사상(事象 : 상상하거나 관찰할 수 있는 모든 사물과 현상)을 통 틀어 말한다.

그런데 만약 우리가 의식이 없다면, 눈으로 보고, 귀로 듣고, 코로 냄새를 맡고, 혀로 맛을 보고, 몸으로 감각을 느끼더라도 그것을 인식할 수가 없다.

우리의 인식은 근(根 : 감각기관)과 경(境 : 대상)이 의식과 결합함으로써 생긴 결과이다. 즉 여섯 번째 감각 기관인 의식이 작용함으로써 그 빛깔과 모양이 아름답거나 추하거나 아름답지도 않고 추하지도 않다고 생각하게 되고, 소리가 좋거나 싫거나 좋지도 않고 싫지도 않다고 생각하게 되고, 냄새가 좋거나 싫거나 좋지도 않고 싫지도 않다고 생각하게 되고, 맛이 좋거나 싫거나 좋지도 않고 싫지도 않다고 생각하게 되고, 감촉이 좋거나 싫거나 좋지도 않고 싫지도 않다고 생각하게 되고, 감정이 좋거나 싫거나 좋지도 않고 싫지도 않다고 생각하게 된다.

우리는 이 여섯 가지 의식을 '육식六識'이라고 한다. 우리가 온갖 것을 대하며 즐겁거나, 불쾌하거나, 즐겁지도 않고 불쾌하지도 않다고 느끼는 것 등을 구별하고 인식하는 것은 바로 의식이 그 대상과 합쳐져 생긴 것이다. 물론 이러한 여섯 개의 감각기관은 명색(정신/몸)으로부터 분리되어 개별적으로 존재하지 않는다. 이것이 서로 분리되어 있는 것은 우리가 그 관계를 더욱더 분명하게 볼 수 있도록 도움을 주기 위해서다.

6) 이것이 '십이연기'이다. 즉 우리가 흔히 말하는 무명,

행, 식, 명색, 육근, 촉, 수, 애, 취, 유, 생, 노사를 말한다. 이를 간략히 설명하면 이렇다.

무명無明은 사실을 알지 못하는 것이다. 즉 '무지 혹은 어리석음'을 뜻하는데, 이는 모든 것이 무상하고 무상한 것은 괴로움이라는 것과 실제로 발생하는 모든 현상이 인과 연에 따라 생겨나는데도 연기에 대한 무지로 인해 이 사실을 깨닫지 못하는 것이다.

행行은 무명으로 인해 생존의 의지, 충동, 욕구가 일어나는 '정신적 의지 작용'이다.

식識은 충동으로 인해 일어나는 '의식 작용'으로 식별하고 판단하는 인식 작용을 의미한다. 그러나 이 의식은 대부분 사실을 다르게 아는 의식이다.

명색名色은 '물질과 정신'이다. 명색은 '물질적 요소', 즉 색(色 : 색깔이나 모양), 성(聲 : 소리), 향(香 : 냄새), 미(味 : 맛), 촉(觸 : 촉감)과 '정신적 요소', 즉 법(法 : 생각, 관념, 및 사상)으로 이루어져 있다. 이 여섯 가지 대상을 육경六境이라고 한다.

육근六根은 그 대상을 인식하고 판단하는 기관이다. 즉 '눈眼, 귀耳, 코鼻, 혀舌, 몸身, 의(意 : 의식, 마음)를 말한다.

그리고 육근은 식과 명색과 상호 밀접한 관계가 있는데,

식은 인식 판단의 주체로 명색은 이 식의 대상이고, 육근은 이 대상을 인식하고 판단하는 기관이다.

촉觸은 '접촉'이다. 눈과 모양, 귀와 소리, 코와 냄새, 혀와 맛, 몸과 촉감, 의식과 법의 접촉으로 일어나는 마음 작용을 말한다.

수受는 '감수 작용'이다. 접촉으로 인해 좋거나, 싫거나, 좋지도 않고 싫지도 않는 느낌이 생긴다.

애愛는 '갈애'이다. 탐욕, 존재, 정신적 존재에 대한 욕망이다.

취取는 '집착'이다. 탐욕, 자아에 집착하고, 잘못된 견해를 진실이라고 집착한다.

유有는 '존재'이다. 무언가를 욕망하고 집착하기 때문에 그것이 되는 것이다.

생生은 '태어남'이다.

노사老死는 '늙음과 죽음'이다.

그러나 이 12연기는 열두 가지 지분이 고리처럼 연결되어 있다. 결국 인간이 태어나고 고통을 받는 것은 그 근원을 거슬러 올라가면 무명이 있기 때문이다. 무명으로 말미암아 태어남이 있고, 늙음과 죽음과 괴로움과 슬픔이 있다. 또 태어남이 있기 때문에 무명이 있다. 그러나 태어남은 역설적으로 12연기를 끊을 수 있는 기회이기도 하다. 왜냐하면 과거는 다시 돌아오지 않고 미래는 아직 오지 않은 것이다. 우리에게 유일하게 실재하는 시간은 현재 뿐이기 때문이다. 따라서 우리가 이 세상의 모든 괴로움의 근원인 무명에서 벗어날 수 있는 것도 '바로 지금'에서만 가능한 일이다.

7) 산스크리트어 Samyukta Agama는 우리말로 《잡아함경雜阿含經》이라 한다. 《잡아함경》은 총 50권 1,362경의 짧은 글들로 이루어져 있다. 이 경은 중인도 출신의 승려 구나발타라Gunabhadra가 한역하여 전해진 것이다. 산스크리트어 Samyukta는 '합치다'의 뜻이고, 아가마agama는 '전해 온 가르침'이란 뜻으로, 초기에 성립된 수천의 경전들을 통틀어 일컫는 말이기도 하다.

이 외에도 초기 경전인 아함경에는 긴 경전을 모은 《장아함경長阿含經 : Dighanikaya, Digha는 '긴', '길다', nikaya는 아함경agama의 뜻》, 중간 길이의 경전을 모은 《중아함경中阿含經 : Majjhimanikaya, Majjhima는 '중간 길이'라는 뜻》, 법수法數에 따라 1법에서 11법에 이르는 경전을 모은 《증일아함경增壹阿含經 : Anguttaranikaya, Anguttara는 '하나씩 증가하다增一'는 뜻》 등이 있다.

3

경전 해설 :
경전의 중도를
풀이하다

1) '존재한다'고 보는 것은 옳은 견해가 아니다. '존재하지 않는다'라고 보는 것 역시 옳은 견해가 아니다. '존재하는 것도 아니고, 존재하지 않는 것도 아니다'라고 보는 것 또한 옳은 견해가 아니다. 이러한 삼중 부정을 말한다.

따라서 우리는 '존재한다'라는 생각도 없고, '존재하지 않는다'라는 생각도 없어야 한다. 중도는 이런 '존재한다' 혹은 '존재하지 않는다'와 같은 이분법적 사고를 넘어서는 것이다. 왜냐하면 '존재한다'라는 생각을 갖더라도 자아와 인간과 생물과 삶과 죽음에 집착하는 것이 되고, '존재하지 않는다'라는 생각을 갖더라도 그 근거는 자아와 인간과 생물과 삶과 죽음에 집착하고 있는 것이 되기 때문이다.

2) 그 당시 코살라국Koshala은 마가다국Magadha과 더불어 강대한 나라였다. 우리가 부르는 코살라국의 수도 사위성舍衛城은 팔리어 Savatthi와 산스크리트어 Shravasti를 음역한 것이다. 그리고 그 성 밖에 기원정사가 있다. 코살라국의 기원정사는 마가다국의 죽림정사와 함께 2대 정사로 불리는데, 이곳에서 붓다는 자주 머물면서 법을 설하였다.

기원정사(祇園精舍 : '기수급고독원'을 말함)는 수달다(須達多 : 수다타Sudatta의 음역)가 사위성 파사닉왕(波斯匿王 : 팔리어 pasenadi과 산스크리트어 prasenajit를 음역함)의 태자인 기타祇陀가 보시한 동산에 수달다가 지어 붓다에게 바쳤다. 기祇는 기타의 준말이고, 급고독(給孤獨 : 외롭고 늙은 사람들에게 아낌없이 보시해 붙여진 이름)은 수달다의 별칭이다.

죽림정사竹林精舍는 마가다국의 수도 왕사성(王舍城 : 산스크리트어 라자그리하Rajagrha) 부근에 있던 사원으로, 가란타(迦蘭陀 : 산스크리트어 kalandaka를 음역함)가 붓다에게 보시한 죽림동산에 빔비사라Bimbisara 왕이 지어 붓다에게 바쳤다.

3) 깨달음은 생각이나 관념, 얽매임, 차별이나 분별, 집착과 견해가 끊어진 무위無爲의 경지이다. 때문에 깨달음은 언어 저편의, 언어의 그물에 걸리지 않는, 언어가 없어지고

생각이 끊어진 그 무위의 상태이므로 인식할 수도 없고, 설명할 수도 없고, 진리도 아니고, 진리가 아닌 것도 아닌 것이다. 그러나 우리에게 이런 깨달음에 대한 가르침을 펴기 위해서는 어쩔 수 없이 언어를 빌려서 말할 수밖에 없다. 언어 자체가 이원성二元性이기 때문에 언어로써는 일체의 대립을 떠난 비이원성非二元性인 깨달음의 경지에 미치지 못한다. 그래서 붓다는 비구들에게 "내 설법은 뗏목과 같다"라고 한 것이다(《금강경》, 곽철환, 살림, 84쪽 참고).

'바른 견해' 역시 깨달음을 얻는 하나의 방편이기는 하지만, 통찰력이 없이는 깨닫기가 어렵다. 때문에 모든 사물을 연기적 관점에서 관찰할 때 얻어지는 '바른 견해'를 이데올로기처럼 이런 것이라고 말로 묘사할 수 있는 것은 아니라고 하는 것이다.

4) 이것이 모든 만물이 본래 갖추고 있는 성품으로 본래면목本來面目이고, 참모습이고, 본성이다. 본성을 줄여서 간단히 '성性'이라고 한다. 한자어 '성性'은 마음 '心'과 날 '生'의 두 낱말이 합성하여 이루어진 글자로 '태어나면서 갖추고 있는 마음'을 뜻한다. 또 이를 다른 말로는 '불성佛性'이라고도 한다. '불佛'은 붓다, 즉 깨달음을 뜻한다.

그런데 만약 우리에게 이런 성품이 없다면 어떻게 될까? 아무리 노력해도 깨달음에 이르지 못할 것이다. '저것이 있기 때문에 이것이 있다.' 이것이 인과의 법칙이다. 본래 마음은 청정하여 깨달음을 얻을 수 있는 종자를 갖추고 있기 때문에 깨달음에 이를 수 있고, '바른 견해'라는 씨앗이 본래 우리 마음의 정원에 심어져 있기 때문에 그것을 알아차릴 수 있다는 것이다.

5) 우리 인간의 인식 활동은 여섯 가지 감각기관(안, 이, 비, 설, 신, 의)을 통해 이루어진다. 이를 '육식六識'이라고 한다.
그러나 더 깊은 내면의 세계에는 제6식인 의식보다 한 단계 깊은 마음의 세계가 있다. 이를 제7식인 말나식(末那識 : Manas, 혹은 Mala라고 하는데 자아의식을 말함)이라고 한다. 말나식은 제6식인 의식의 뿌리가 되는 더 깊은 마음의 세계로, 이를 '자아의식'이라고 한다. 그리고 제7식인 말나식보다 더 심층에 숨어 있는 '잠재의식 혹은 근원 의식'이 제8식인 아뢰야식(阿賴耶識 : alaya vijñana, 알라야식 혹은 아라야식이라고도 함)이다. 제1식부터 제8식까지 통틀어 생각 혹은 마음이라 한다.

아뢰야식은 산스크리트어 아라야 비즈냐나alaya vijñana를 소리 나는 대로 적은 것이다. 아뢰야식(제8식 : 心)은 자아의식(제7식 : 意, 산스크리트어 Manas를 뜻하는데, 이를 제6식인 mano의 '의'와 구별하기 위해서 주로 말라Mala라고 말한다)과 대상의식(제6식 : 識)을 일으키는 마음의 근원이다. 즉 자아의식과 대상의식은 바로 이 아뢰야식으로부터 비롯된다.

산스크리트어 alaya는 '깃들다', '저장하다'의 뜻이고, vijñana는 '의식'의 뜻이다. 그래서 아뢰야식을 업장(業藏 : 업의 창고)이라고도 한다. 우리가 일상을 통해서 보고, 듣고, 느끼고, 생각하고, 행동한 것은 하나도 빠짐없이 종자로 변해 아뢰야식에 저장된다. 6식을 통해서 얻어지는 모든 작용이 제7식 말나식을 통해 아뢰야식으로 저장되는 것이다. 그래서 아뢰야식은 말나식의 근거이고 자아의식의 뿌리이기도 하다.

이와 같이 아뢰야식은 마치 컴퓨터의 하드디스크처럼 과거의 생각과 행위의 온갖 잔상들을 저장하고 기억하며, 그 잔상들이 미래의 업을 일으키는 생각과 행위의 씨앗(종자)이 된다. 그리하여 이 아뢰야식은 인간의 모든 활동을 총괄하고 반복하게 한다. 지금 우리가 하는 모든 행동과 생각이 이 아뢰야식으로부터 나온다. 이 아뢰야식에 저장된 업들이 알맞은 환경과 조건 등의 인연을 만나면 업이 원동력이 되어 습관처럼 다시 생각하고 행동하게 한다. 우리가 착한 마음 혹은 나쁜 마음을 갖는 것도, 우리가 선이나 악한 행동을 하는 것도 그 근저에 아뢰야식이 있기 때문이다. 그래서 아뢰야식 자체가 오염의 근원이 되기도 하고, 청정의 근원이 되기도 한다.

따라서 우리가 수행을 하는 궁극적인 목적은 아뢰야식 속에 오염된 업들을 소멸시켜 본래 청정한 상태로 되돌아가는 것이다.

이를 반야(般若)의 지혜, 즉 제9식인 아마라식(阿摩羅識 : Amala vijñana, 암마라식菴摩羅識이라고도 함)이라고 한다. 산스크리트어 'amala'는 청정하다는 뜻이다.

결국 아뢰야식 속에 오염된 업들을 소멸하고 나면, 궁극에는 본래 청정한 마음 상태인 반야의 지혜만이 남는데, 이 반야의 지혜를 특별히 아마라식이라고 한 것이다.

6) 예를 들어 '원뿔'이 하나 있다고 가정해 보자. 원뿔을 아래에서 보면 원이 되고, 앞에서 보면 삼각형이 된다. 그러나 이는 장님이 코끼리를 만지고 코끼리의 모습을 말하는 것과 같다. 마찬가지로 인간이 사는 3차원의 세계를 벗어나 더

높은 차원에서 보면 원뿔 역시 다르게 보일 것이다. 한 가지 비유를 든다면, "'강물'은 사람의 눈에는 그것이 '물'로 보이지만, 물고기의 눈에는 그것이 자기가 사는 '집'으로 보일 것이고, 지옥 중생의 눈에는 그것이 매우 두려운 '불바다'로 보일 수 있으며, '궁극적인 실재ultimate reality'에서 바라보면 그것이 아름다운 '유리'의 세계로 보일 수 있다(혜능, 《혜능 육조단경》, 단칭선사 풀어씀, 김진무 옮김, 일빛, 95쪽 참고)."

다음은 붓다가 니르바나(nirvana : 열반, 해탈)의 세계를 묘사한 글이다.

이곳에는 땅도 바다도 빛도 공기도 없다. 무한한 공간도 무한한 의식도, 아무것도 없다. 의식도 없고 무의식도 없다. 근거도 없고 발전도 없고 멈춤도 없다. 그러나 이곳에는 고행의 종말이 있다. 오는 것도 없고 가는 것도 없으며 머물지도 않는다. 죽음이나 탄생도 없고 근원이나 멈춤도 없는 곳이다. 이곳에 고행의 종말이 있다. 움직임도 없고 고정되어 있는 것도 아니다. 움직임이 없으면 고요한 상태다. 정적인 상태는 즐거움이 없으며 즐거움이 없으면 오는 것도 가는 것도 없다. 따라서 이곳에는 죽음도 탄생도 없고, 위도 아래도 중간도 없다. 이곳에는 고행의 종말이 있을 뿐이다(카를 야스퍼스, 《위대한 사상가들 : 소크라테스, 석가모니, 공자, 예수》, 권영경 옮김, 책과 함께, 2005, 77쪽).

붓다가 말하는 이 세계는 존재도 비존재도 아닌 이원성의 부재이다. 그것은 존재의 사고를 벗어나지 않고서는 세상의 어떤 수단으로도 알 수 없으며, 따라서 이해할 수도 없고, 논리적인 사고를 초월한다(카를 야스퍼스, 《위대한 사상가들 : 소크라테스, 석가모니, 공자, 예수》, 권영경 옮김, 책과 함께, 2005, 77쪽 참고). 결국 '궁극적인 실재'에서만 알 수 있는 것이다.

7) 사실 '형상'으로 구분지울 수 있는 것이 무엇이든 우리가 보는 사물의 모습도 그것이 허상인 경우가 많다. 예를 들어 '하늘이 파랗다'고 말할 때, 실제 하늘은 파랗지가 않다. 다만 빛의 파동 때문에 낮에는 파랗고 저녁노을에는 붉게 보일 뿐이다. 마찬가지로 무지개가 아치형 다리처럼 보이지만, 실제 무지개는 둥그런 원형이다. 아치형 곡선으로 보이는 것은 지구에 가려 그렇게 보일 뿐이다. 또한 우리가 밤하늘에 빛나는 별들을 바라보며 노래하고 시를 쓰지만, 사실은 그 별들은 흙덩이일 뿐이다. 별이 빛나는 것은 밤에도 태

양이 여전히 빛을 내고 있기 때문이다.

8) 이에 대해 데이비드 흄은 이렇게 말했다.

삶과 죽음이 일회적이고 다시는 되풀이되지 않는다는 것은 모순이다. 영혼이 미래에서도 불멸한다는 주장은 동일한 논리로 영혼이 과거에서도 존재해 왔다는 것을 인정하는 것이다(보르헤스 외, 《보르헤스의 불교 강의》, 129쪽 참고).

9) 《밀린다팡하(Milinda panha : '밀린다왕의 물음' 이라는 뜻)》라는 경전을 보면 이와 비슷한 일화가 있다. 《밀린다팡하》는 기원전 2세기경 서북 인도를 지배한 그리스의 메난드로스Menandros 왕과 인도의 고승 나가세나(Nagasena : 龍軍) 사이의 논쟁을 다룬 것이다.

왕이 물었다.
"윤회가 사실이라면, 다시 태어난 자와 죽어 없어진 자는 동일합니까, 혹은 다릅니까?"
나가세나 존자가 대답하였다.
"동일하지도 않고, 다르지도 않습니다."

"비유를 들어 주십시오."

"대왕이여, 그대는 어떻게 생각하십니까? 어릴 때의 그대와 지금의 그대는 같습니까?"

"아닙니다. 어릴 때 나와 지금의 나는 다릅니다."

"만일 그대가 그 어린애가 아니라면, 그대는 아버지도 어머니도 또 선생도 없었다는 것이 됩니다. 죄를 지은 자와 그 죄로 손발이 잘린 자가 다릅니까?"

"그렇지 않습니다. 다른 비유를 들어주십시오."

"여기 어떤 사람이 등불을 켰을 때, 그 등불은 밤새도록 탈 것입니다. 대왕이여, 초저녁에 타는 불꽃과 밤중에 타는 불꽃과 새벽에 타는 불꽃이 같겠습니까?"

"아닙니다."

"그러면 초저녁의 불꽃과 밤중의 불꽃과 새벽의 불꽃이 각각 다릅니까?"

"그렇지도 않습니다. 불꽃은 똑같은 등불에서 밤새도록 탈 것입니다."

"대왕이여, 인간이나 사물의 연속은 꼭 이와 같이 지속됩니다. 생겨나는 것과 없어지는 것은 별개의 것으로 보이지만 지속되는 것입니다. 이리하여 존재는 동일하지 않습니다. 그러나 서로 다르지도 않습니다. 최종 단계의 의식으로 포섭

되는 것입니다."

동양과 서양의 두 현자는 여러 날에 걸쳐 대화를 이어나 갔으며, 마침내 그리스의 왕은 불·법·승 삼보에 귀의하였다고 한다(보르헤스 외, 《보르헤스의 불교 강의》, 김홍근 편역, 여시아문, 1998, 137~138쪽 참고. 《밀린다왕문경(彌蘭陀王問經 : 밀린다팡하)》, 서경수 옮김, 민족사, 2009, 51~53쪽 참고).

10) 붓다는 《금강경》에서 "내 설법은 뗏목과 같은 것이니, 진리도 버려야 하거늘 하물며 진리가 아닌 것이랴"라고 말한다. 그는 특정한 교의나 사상을 절대적인 진리로 받아들이라고 하거나, 진리라고 간주되는 개념과 명제를 고집하는 사고방식에서 벗어난다. 심지어 그는 "붓다 자신까지도 의심하라"라고 말한다. 깨달음의 궁극적 목표는 티끌만한 얽매임이나 걸림이 없는 대자유인이 되는 것이기 때문이다.

11) 이를 여여如如라고 하고, 산스크리트어로 타타타 tathata라 한다. 산스크리트어 tatha(如 : 그와 같이)에 추상명사를 만드는 어미 ta를 더한 여여라는 단어는 '있는 그대로의 모습'을 뜻한다. 예를 들어 무상, 무아, 괴로운 것이 인생의

'있는 그대로의 모습'이며, 연기하고 있는 이 세계가 '있는 그대로의 모습'이다. 그래서 이를 '진여眞如'라고도 말한다.

즉 '있는 그대로의 모습'은 그 자체로 진실하다. 따라서 이를 깨닫는다면, 우리의 관념이나 견해를 내려 놓게 된다.

12) '공(空)'은 산스크리트어 순야타(Sunyata : 형용사 '수냐sunya'에서 파생된 말로 '영零', '무無'를 뜻함)를 한역한 것이다. 그래서 공을 순야般若 혹은 순야다般若多라고도 한다. 인도 수학에서 수냐는 영을 의미하는 말로, 없는 것, 비어 있는 것을 가리킨다.

그러나 여기서 말하는 '공'은 '무'가 아니다. 무라는 부정사의 의미로 사용할 때도, 존재 자체를 부정하는 것은 아니다. 존재하는 것은 항구적으로 변하지 않는 자성, 실체, 자아라는 것이 없음을 뜻한다. 모든 존재는 인과 연으로 생겨난 것이므로 고정된 실체가 없으며, 그래서 '공'이라고 한다.

13) 붓다의 가르침 가운데 '실재하는' 나가 없다는 것은 기본적인 가르침이다. 사람이 이 세상에 살면서 가지는 가장 큰 착각이 '나'라는 의식이다. 이 점은 철학자 흄과 쇼펜하우어 그리고 아르헨티나의 소설가 마세도니오 페르난데스도

강조한 바 있다. 우리는 주체 혹은 자아라는 관점에서 생각하고 말하는 습관에 익숙해져 있다. 그러나 내가 "나는 생각한다"고 말하면, 그것은 잘못된 것이다. 예를 들어 그냥 "비가 온다"고 하지 "누군가가 비를 오게 한다"고 하거나, "날씨가 덥다"고 하지 "누군가가 날씨를 덥게 한다"고 하지 않듯이 주체가 끼어들 여지가 없는 것이다. 대신 흄도 말했듯이, "나는 생각한다"가 아니라 "생각이 일어난다"고 표현하는 것이 더 타당하다. 주체 혹은 자아는 고정관념이고, 이는 우리가 벗어나야 할 관념이다(보르헤스 외, 《보르헤스의 불교 강의》 김홍근 편역, 여시아문, 1998, 216~217쪽 참고). 왜냐하면 이런 생각은 우리가 진리를 보지 못하도록 막기 때문이다.

이 외에도 오늘날의 우리는 무엇이든 분별하려는 언어 습관이 있다.

레비스트로스의 《야생의 사고》(안정남 옮김, 한길사, 1996)에는, 마치 원시시대의 사람들처럼 아직도 수렵과 채취 생활을 하며 살아가는 원주민들의 언어 습관에 대한 이야기가 나온다.

예를 들면 북미 서북부에 사는 인디언들 사이에 널리 쓰이는 '치누크어'에서는, "이 바구니는 작다"라는 말을 "이 바구니는 이 꽃들을 담기에 작다" 혹은 "이 바구니는 이 풀을 담기에 크다"라고 말한다. 그들은 바구니 그 자체가 크다거나 작다는 관념을 두고 말하지 않는다. 그러나 우리는 막연하게 '이것은 크다', '저것은 작다'라는 관념을 갖고 있는데, 이는 주관적인 생각으로 무엇이든 분별하려는 습관이 있기 때문이다.

또한 그들은 "그 여자는 너무 작은 바구니를 사용했다"라는 말을 "그 여자는 양지꽃의 뿌리들을 조개 바구니의 협소함 속에 넣었다"라고 표현한다. 또 "그 악한 사람이 그 가엾은 아이를 죽였다"라는 말을 "그 사나이의 악이 그 아이의 가엾음을 죽였다"라고 표현한다. 우리에게는 언뜻 추상적인 언어로 들리기 쉽지만, 사실 그들은 사물의 본성을 꿰뚫어 보는 언어를 사용하고 있다. 그들은 사람 그 자체가 악하다거나 선하다는 관념을 두고 말하지 않는다. 오늘날의 우리는 '이 사람은 나쁜 사람이다', '저 사람은 좋은 사람이다'라고 말한다. 우리가 분별하고 규정지으려는 습관이 있기 때문이다. 그러나 이런 언어 습관 역시 우리가 사물의 본성을 꿰뚫어 보지 못하도록 막고 있다.

14) 로카다투는 '세계世界'를 뜻한다. 세계란 원래 불교의 용어로 산스크리트어 로카다투lokadhatu의 뜻을 풀이한 말

이다. 로카loka는 세(世 : 공간)를 뜻하고, 다투dhatu는 계(界 : 층, 차별)를 뜻한다. 따라서 이는 각기 다른 종류가 개별적으로 차별되어 서로 같지 않고 서로서로 별개로 존재한다고 인식하는 세계이다. 우리가 꽃, 나무, 돌, 동물, 인간을 다르게 바라보는 세계이다. 그로 인해 '자아'에 집착하게 되고, 자아의 집착으로 인해 괴로움을 낳는 세계이다.

15) 다르마다투Dharmadhatu는 '법계法界'를 뜻한다. '있는 그대로의 모습', 즉 진여眞如의 세계이다. 산스크리트어 다르마Dharma는 법을 뜻하고, 다투dhatu는 계를 뜻한다. 여기서 법은 의식의 대상이 되는 모든 사물을 가리키는 말로 존재 혹은 현상을 의미한다. 따라서 법계는 모든 존재를 포함한 세계, 즉 온갖 현상의 집합으로서의 우주만물을 뜻하기도 한다. 그러나 사실 모든 현상은, 즉 '있는 그대로의 모습'은 인과 연으로 생겨나지 않는 것이 없다. 그래서 원래 우리가 사는 이 세계도 로카다투가 아니다. 즉 진여의 세계이다. 결국 모든 사물을 연기적으로 바라보면 법계나 세계나 모두 다르마다투이다. 법계를 '연기의 세계' 혹은 '법계 연기'라고 하는 것도 이 세계를 달리 표현한 말에 지나지 않는다.

16) 니르바나는 산스크리트어 nirvana를 소리 나는 대로 적은 것이다. nirvana는 '(촛불을) 불어서 끄다 혹은 (촛불이) 불어서 꺼진 상태'라는 뜻이다. 이를 뜻을 따라 번역하여 '열반涅槃'이라고 한다. 이를 적멸寂滅 혹은 멸도滅度라고도 한다. 열반은 '삼독三毒', 즉 탐(貪 : 탐욕), 진(瞋 : 분노), 치(痴 : 어리석음) 등 인간의 마음을 어지럽히는 번뇌의 불이 꺼지고 아무 것에도 어지럽혀지지 않은 일체의 속박에서 벗어난 이상세계를 뜻한다. 자유와 완전히 평화로운 마음의 상태이다. 그러나 붓다는 이러한 이상세계를 단순한 관념이나 사후에 달성하는 것이 아니라 우리의 삶의 방식에 달려 있다며 "올바른 지혜(반야 혹은 보리, 즉 모든 사물이 연기적 존재라는 깨달음)에 의해서 현세에 실현되는 것이다"라고 말한다.

17) '법성(法性 : Dharma nature)'을 산스크리트어로는 dharmata라고 한다. dharma는 법, 즉 '현상phenomena'을 뜻하고, dharmata는 '실재reality'를 뜻한다. 즉 dharmata는 '있는 그대로의 본성' 혹은 '있는 그대로의 참모습'의 의미이다. 따라서 있는 그대로의 모습인 법성은 생도 없고 사도 없고 이름도 없고 형상도 없다. 때문에 그 모양을 찾아볼 길이 없다. 그러나 어떤 조건이 갖추어지면 자신의 모습은 보

이지 않지만 다양한 형상의 모습을 띠게 된다. 어떤 때는 풀과 꽃 모양으로, 산과 강 모양으로, 달과 별 모양으로, 인간과 사슴 모양으로, 그런가 하면 어떤 때는 비와 바람으로, 천둥과 번개로도 나타난다. 즉 어떤 조건이 나타나면, 법성은 그 조건에 따라 형상을 드러낸다. 그리고 그 조건이 사라지면, 그 형상도 함께 사라진다.

예를 들면, 삼을 꼬아 새끼, 바구니, 가마니를 만든 경우, 새끼, 바구니, 가마니는 현상이고 그 실재는 삼이다. 그러나 삼은 그것을 만들어낸 흙, 물, 바람, 온기 등이 모여 생긴 것이다. 이 경우 삼은 현상이고 그 실재는 흙, 물, 바람, 온기 등이다. 이렇게 계속해서 그 근원을 거슬러 올라가면, 모든 현상은 공과 연기에 의지하여 나타난다. 이것이 '있는 그대로의 본성', 즉 '법성' 이다.

이와 같이 우리가 법성을 깨닫게 되면, 꽃이 피어나고 죽어가는 것으로 보이지 않는다. 그리고 꽃이 다른 것과 개별적으로 다르다고도 바라보지 않게 된다.

18) 이것은 '일—과 다多' 의 대립 개념을 말한다. 일—은 하나라는 뜻으로 단일성 혹은 통일성의 의미이고, 다多는 다수라는 뜻으로 다수성 혹은 복수성의 의미이다. 그리고 이를

세계관에 적용한 것이 세계가 하나의 원리로부터 나온다고 보는 일원론一元論이고 또 하나는 다수의 원리로부터 나온다고 보는 다원론多元論이다. 그러나 이러한 이분법적 접근방식은 그 한계가 있다. 세계가 하나의 원리로부터 나온다면, 세계 속에 포함되어 있는 그 다양한 개별적 현상은 어떻게 해서 하나로부터 생겨나는가, 또 세계가 다수를 원리로 한다면 세계에 보편적 현상이 있는 것을 어떻게 설명할 수 있는가라는 문제에 부딪힌다.

사실은 하나와 다수는 분리할 수 없는 밀접한 관계를 맺고 있다. '하나에 모든 것이 있고, 모든 것이 하나에 있다.' 헤라클레이토스 역시 "모든 것에서 하나가 생기고, 하나에서 모든 것이 생긴다"는 명제를 제시한 것도 이를 의미한다.

19) 플럼 빌리지(plum village : 자두 마을)는 1982년 틱낫한(한자 이름은 '석일행釋一行'이다. 베트남어 틱Thich은 '釋'을, 낫한Nhat Hanh은 '一行'의 뜻) 스님이 비구니 찬콩Chan Khong 스님과 함께 프랑스 남부 도르도뉴 지방에 세운 수행 공동체이다. 플럼 빌리지는 베트남어로 랑 마이Lang Mai라고 하는데, Lang은 '마을, 동네'라는 뜻이고, Mai는 '살구, 살구나무'라는 뜻이다.

20) 여기서 "생과 사 한 가운데 있다"며 "생과 사를 떠나 니르바나를 구한다면, 해탈을 하지 못할 것이다"라는 말 속에는 이 세계가 다르마다투라는 의미 외에도 이런 의미가 있다.

즉 이 세상 모든 사람에게 수많은 사건이 일어났고 또 일어날 것이지만 모두 정확하게 각자의 '바로 지금'에서만 일어난다. 보르헤스는 "인간이 쳇바퀴처럼 흘러가는 일상에서 벗어나 '다시 돌아올 수 없는 지금 여기' 그리고 유일하게 실재하는 시간인 현재를 인식하는 것은 얼마나 황홀한 경험인가. '오늘'은 '오!늘'인 것이다"라고 말한다. 의상대사가 "과거 현재 미래가 찰나 속에 깃든다"라고 말하였는데, 이 역시 모든 시간이 현재에 연결되어 있다는 의미이다.

아우구스티누스도 시간 문제와 정면으로 부딪친 사람 중의 하나이다. 그는 《고백록》에서 그의 영혼이 무엇이 시간인지 알고 싶어 불타오른다고 말한다. 그는 신의 날은 나날이 아니라 '오늘' 뿐이라고 하면서 영원으로 통하는 시간인 현재를 강조했다(보르헤스 외, 《보르헤스의 불교 강의》 김홍근 편역, 여시아문, 1998, 36쪽, 38쪽 참고).

이렇듯이 해탈을 하든 혹은 신의 나라가 됐든 모두 정확하게 각자의 '바로 지금'에 달려 있다는 의미이다.

21) 붓다는 구도에 별 소용이 되지 않는 명제를 던지거나, 그에 대한 어떤 설명도 하지 않는다. 이를테면 다음과 같은 문제들이다.

'세상은 영원하다'거나 '세상은 영원하지 않다.' 또는 '세상은 유한하다'거나 '세상은 유한하지 않다', 아니면 '신이 존재하는 걸까? 아니면 존재하지 않는 걸까?'

"이런 것들을 심사숙고하는 사람은 '사견私見들의 사슬'에 얽혀든다. 자신의 입장만 진리로 내세우고 서로 자신이 옳고 상대방이 그르다고 반박하면서 언쟁과 쓸데없는 다툼을 초래한다. 그리고 상황에 따라 이 이론 저 이론을 취한다. 마치 원숭이가 이 나무에서 저 나무로 옮겨 다니듯이 논쟁은 끝없이 계속된다(카를 야스퍼스, 《위대한 사상가들 : 소크라테스, 석가모니, 공자, 예수》, 권영경 옮김, 책과 함께, 2005, 79쪽 참고)."

"붓다는 이를 코끼리의 각자 다른 부위를 쓰다듬고는 그 진짜 모습에 대해 격론을 벌이는 장님들에 비유했다. 어느 장님은 자기가 만져본 꼬리에 의해, 어느 장님은 다리에 의해, 어느 장님은 귀에 의해 코끼리를 판단하는 것과 같다는 것이다. 세계 및 인간에 관한 우리의 형이상학적 해석들은 각각 단편에 지나지 않고, 이는 삶의 덧없음을 볼 때 시간 낭비이라는 것이다(폴커 초츠, 《붓다》, 김경언 옮김, 한길사, 1997, 94쪽 참고)." 따라서 우리는 이 세상에서 진리의 길을 찾는 데 필요한 지식을 배워야 하지만, 그러나 동시에 우리는 이런 지식을 겸손하게 포기할 줄도 알아야 한다.

예를 들면, 신에 대한 논쟁이다. 그 당시 인도에서도 신에 대한 논쟁이 격렬하게 벌어졌다.

그 당시 인도에는 산키아 학파, 베단타 학파 등 여섯 개의 학파가 철학 체계를 이루고 있었다. 가르보Garbe는 산키아 경전의 한 구절을 인용하며 말했다.

"신은 자신의 이익을 위해 세상을 창조하지 않았다. 그는 아무것도 필요치 않기 때문이다. 신은 자비심으로 세상을 창조하지 않았다. 왜냐하면 세상은 고해의 바다이기 때문이다. 고로, 신은 존재하지 않는다."

이런 논쟁은 서양에서도 마찬가지였다. 락탄치오Lactancio도 에피쿠로스Epikouros에게 보낸 편지에서 이와 비슷한 말을 했다.

"만약 신이 악을 제거하기를 원하면서도 실행하지 않았다면, 그는 무능한 존재다. 만약 할 수 있는데도 원치 않는다면, 그는 사악한 존재다. 만약 원치도 않고 행할 수도 없다면, 그는 사악하고도 무능한 존재다. 만약 원하기도 하고 할 수도 있다면, 이 세상에 가득찬 악의 현실은 어떻게 설명할 수 있겠는가?"(보르헤스 외, 《보르헤스의 불교 강의》, 김홍근 편역, 여시아문, 1998, 112~113쪽 참고)

붓다가 살아 있을 때, 이처럼 붓다에게 형이상학적인 문제나 신에 대하여 명확한 견해를 끈질기게 요구하는 사람들이 있었다. 때에 따라 그는 만물을 이스바라Īsvara 신의 창조로 되돌리는 사문들에게는 이렇게 반문했다고 한다.

그렇다면 이스바라의 창조에 근거하여 살인자도 있고, 도둑도 있으며, 파렴치한, 거짓말쟁이, 고자질쟁이, 욕쟁이, 수다쟁이, 욕심쟁이, 증오하는 자, 방황하는 자도 있다는 말이리라(폴커 초츠, 《붓다》, 김경언 옮김, 한길사, 1997, 43쪽).

그러나 이런 논쟁은 깨달음으로 가는 길에 방해만 될 뿐이라며, 붓다는 그들에게 마치 독화살에 맞고도 의사에게 이렇게 말하는 사람과 같다고 비유를 들어 말한다.

독화살을 빼내기 전에 먼저 나를 맞힌 사람이 군인인지, 바라문인지, 상인인지, 농부인지를 알아야겠습니다. 먼저 그의 성명을 알아야겠고, 키가 큰지 작은지 중간인지 알아야겠으며, 피부색이 까만지, 갈색인지, 연한 색인지 알아야겠습니다······. 화살의 깃털이 독수리털인지, 왜가리털인지, 매의 털인지, 닭털인지, 아니면 그도 저도 아닌 다른 새의 깃털인지를 알아야겠고, 화살이 뽕나무인지, 물푸레 나무인지 알아야겠고, 활줄이 쇠가죽인지, 물소가죽인지, 사슴가죽인지 알아야겠습니다. 하지만 그는 이 모든 것을 알기 전에 죽고 말 것이다(폴커 초츠, 《붓다》, 김경언 옮김, 한길사, 1997, 94~95쪽 참고. 《중아함경 4》, 〈전유경箭喩經〉, 김월운(월운스님) 옮김, 동국역경원, 2011, 505~507쪽 참고).

"물론 이런 형이상학적 문제들에 대해 설명하지 않았다고 해서 붓다가 그 이유를 모르는 것은 아니다(사실 이런 질문들은 연기법을 알면 순진한 질문이다). 붓다의 침묵의 힘은 가장 위대한 역할을 하며 이는 그의 사상을 전달하는 데 놀라운 영향력을 발휘한다(야스퍼스는 석가모니Sakyamuni를 '샤카 가문의 침묵을 지키는 사람'이라는 뜻이라고 한다). 완전한 해답을 제시하지 않았기 때문에 끊임없이 질문이 제기되는 것이다. 대답이 없다고 해서 붓다의 가르침이 사라지는 것은 아니다. 그는 형이상학적 논쟁을 하거나 신을 반박하지 않으면서도 그런 의문을 무의미하게 만들어버린다.

원래 붓다가 가르치려는 길은 형이상학적의 길이 아니다. 해탈의 길이다. 붓다의 근본 가르침에는 철학과 신학, 자유와 이성 간의 보이지 않는 알력, 그리고 종교적인 권위가 들어설 자리가 없다.

훗날 붓다의 가르침은 점차 종교적 색채를 띠지만, 불교는 붓다의 가르침을 이어가고 있다. 때문에 그 동안 전쟁을 비롯한 수많은 참사와 끔찍한 역사적 사건이 있었지만, 불교는 이교도 탄압, 종교 재판, 마녀 재판, 종교 전쟁을 일으키지 않은 유일한 종교이다(카를 야스퍼스, 《위대한 사상가들 : 소크라테스, 석가모니, 공자, 예수》, 80~95쪽 참고)."

구원으로 가는 결정적인 것은 믿음이나 희망이 아니라 오로지 올바른 방법 뿐이다. 구원의 가능성을 믿지만 잘못된 실천 방법을 취하는 사람은 "우유를 좋아하면서 쇠뿔에서 우유를 짜는 사람과 같다." "신념을 갖고 그렇게 하든 신념 없이 그렇게 하든, 그는 우유를 얻지 못할 것이다. 왜냐하면 그것은 우유를 얻는 올바른 길이 아니기 때문이다." 그에 반해서 젖에서 우유를 짜는 사람은 그것을 바라지 않았어도 우유를 얻게 될 것이다. 이처럼 적절한 방법이 구원으로 이끌어 주며, 이때 믿음은 부차적인 의미를 지닌다(폴커 초츠, 《붓다》, 김경언 옮김, 한길사, 1997, 116쪽).

22) 따라서 인간은 존속하는 존재가 아니라 과정으로 간주된다. 그래서 붓다는 나라는 것이 있다고 생각하는 것 모두를 아견我見이라고 말한다. 명색名色도 나가 아니다. 수受도 나가 아니다. 애愛도 나가 아니다. 식이 없는데, 어떻게 명색이 있겠는가? 또 촉으로 연하여 수가 생겨나니, 촉이 멸하면 수도 멸하기 때문이다. 또 수가 없는데, 어떻게 애가 있겠는가?(《장아함경 1》, 김월운(월운스님) 옮김, 동국역경원, 2009, 404~405쪽 참고)

그러므로 의식과 표상과 감각의 절대 주체를 묻는 "누가 느끼는가?"라는 질문은 잘못된 질문이다. 그 대신에 "무엇으로 말미암아 감각이 생기는가?"라고 물어야 한다. 이것이 더 올바른 질문이다. 그리고 이 질문에 대한 올바른 대답은, "접촉으로 말미암아 감각이 생기고, 감각으로 말미암아

갈증이 생긴다"라고 말하는 것이다(폴커 초츠, 《붓다》, 김경언 옮김, 한길사, 1997, 105~106쪽 참고).

이렇게 마음의 해탈을 증득한 비구는 나라는 것이 있는 것도 알고, 나라는 것이 없는 것도 알며, 나라는 것이 있는 동시에 나라는 것이 없는 것도 알고, 나라는 것이 있지도 않고 나라는 것이 없지도 않은 것 또한 안다(《장아함경 1》, 김월운(월운스님) 옮김, 동국역경원, 2009, 406~407쪽 참고).

23) '보살菩薩'은 산스크리트어 보디사트바Bodhisattva를 소리나는 대로 적은 보리살타菩提薩陀를 줄인 말이다. 산스크리트어 보디bodhi는 '보리', '깨닫다'는 뜻이며, 사트바sattva는 '생명 있는 존재', '생명을 가진 모든 생물' 즉 '중생'을 뜻한다. 따라서 보살은 '깨달음을 얻은 사람'이라는 뜻이다. 보디사트바는 초기불교에서는 깨달음을 향해 나아가는 사람이란 뜻으로 사용되었고, 이후 점차 깨달음을 이룬 존재라는 뜻으로 사용되었다. 그러나 오늘날 대승불교에서는 주로 모든 사람들을 뜻하는 말로 사용하고 있다.

24) '보리심菩提心'은 산스크리트어 보디시타bodhicitta를 의역한 말이다. 산스크리트어 보디bodhi는 '깨닫다'의 뜻이

고, 시타citta는 '마음', '정신'을 뜻한다. 즉 모든 분별과 집착이 끊어진 깨달음의 경지에 이르려는 마음, 깨달음을 구하려는 마음, 깨달음의 지혜를 갖추려는 마음, 붓다가 되려는 마음을 말한다. 또한 모든 존재들을 구하려는 큰 염원이나 열망을 뜻하기도 한다.

25) 산스크리트어 마하순야타mahasunyata는 '공sunyata' 앞에 관용어 maha가 붙은 합성어이다. 마하摩訶는 maha를 소리 나는 대로 적은 것으로 '큰', '위대한'의 뜻이다. 이를 용수는 《대지도론大智度論》에서 '대大', '다多', '승勝'의 세 가지 의미로 설명하였다. 그렇듯이 마하는 독립적으로 사용되기보다는 관형어로 사용되는 경우가 많다. 예를 들어 대승(大乘 : Mahayana, 많은 사람이 탈 수 있는 큰 수레), 마하반야바라밀다(摩訶般若波羅蜜多 : Mahaprajnaparamita, 위대한 지혜의 완성) 등 이다. 또한 덕망 있는 사람에 대한 존칭으로 이름 앞에 붙여 사용되기도 한다. 보살마하살(菩薩摩訶薩 : 보살에 대한 존칭으로 마하살은 maha sattva의 음역으로 maha는 위대한, sattva는 중생 혹은 사람이란 뜻), 마하가섭摩訶迦葉 등이 그 예이다.

그리고 순야타sunyata는 '공' 혹은 '공성空性'의 뜻을 지닌 산스크리트어이다. 인연pratitya samutpada으로 생겨난 모든 것을 우리는 공하다고 말한다. 어떤 것이든 연기적으로 성립하지 않은 것은 존재하지 않으므로 공하지 않은 어떤 것도 존재하지 않는다. 무자성과 연기와 공은 같은 의미이다.

26) 나가르주나가 《중론》에서 읊은 게송은 다음과 같다.

因緣所生法
我說卽是空
亦爲是假名
亦是中道義

이것을 직역하면 이렇다.

인과 연으로 생겨나는 것이 법이다.
나는 이것을 '공' 하다고 말한다.
또한 이것을 가명(假名 : 임시로 붙인 이름)이라고 말하고,
또한 이것을 중도의 이치라고 말한다.

이를 틱낫한 스님은 이렇게 해석하였다.

All phenomena that arise interdependently,

I say that they empty.

Words come to an end, because their message is false.

Words come to an end, because there is a Middle way.

4

중도를
걷다

1) 이 이야기는 중도에 대한 가르침이고, 동시에 정정진 正精進에 대한 가르침이기도 하다. 즉 정진을 할 때도 이와 마찬가지이다. 이 이야기를 보다 자세하게 소개하면 이렇다.

붓다가 라자가하의 죽림정사에 머무르고 있을 때였다.
소나라는 제자가 있었는데, 이 제자는 아무리 수행을 열심히 해도 별다른 진척이 없었다. 그래서 소나는 실망 끝에 이런 생각을 했다.
'나는 붓다의 제자가 되어 나름대로 제법 열심히 수행을 했다. 그런데 아직까지도 번뇌를 다 소멸하지 못했다. 그렇다면 차라리 세속으로 되돌아가서 널리 보시를 행하면서

복이나 짓는 것이 나을지도 모른다.'
　이런 소나의 고민을 알고 붓다가 조용히 소나를 불러 물었다.
　"소나야, 네가 출가하기 전에 악기를 잘 다루었다는데 사실이냐?"
　"그렇습니다. 저는 거문고를 잘 다루었습니다."
　"그러면 어떠하더냐? 줄의 상태가 어떤 때에 가장 듣기 좋은 소리가 나더냐? 거문고의 줄을 느슨하게 늘일 때이더냐, 아니면 반대로 팽팽하게 조일 때이더냐?"
　"붓다여, 거문고의 줄을 너무 느슨하게 늦추거나 팽팽하게 조여도 아름다운 소리가 나지 않습니다."
　이 말을 듣고 붓다가 소나에게 이렇게 말했다.
　"소나야, 수행도 그와 같다. 너무 급하면 들뜨기만 하다 오히려 피곤해 지고 반대로 너무 느슨하면 게을러진다. 그렇기 때문에 수행하는 사람은 이 두 가지의 이치를 잘 알아서 너무 급하지도 않고 느슨하지도 않게 수행해야 한다."
　소나는 붓다의 가르침을 듣고 크게 깨달은 바가 있어서 꾸준히 수행을 하였고, 마침내 번뇌가 다하고 마음의 깨달음을 얻어 아라한의 도를 얻었다.

이 이야기는 《잡아함경》 9권 254경 〈이십억이경二十億耳經〉이라는 경전에 나온다. 이십억이는 팔리어로는 Sona이고 수루나輸屢那로 한역하기도 한다(《잡아함경 1》, 김월운(월운스님), 동국역경원, 2008, 410~412쪽 참고).

2) 《밀린다팡하》에 나오는 이름이나 명칭에 관련된 이야기를 하나 소개하면 이렇다.

왕이 물었다.
"그대의 이름은 무엇이라고 합니까?"
"대왕이여, 나가세나라고 불리고 있습니다. 그러나 나가세나라는 이름은 명칭, 호칭, 가명에 지나지 않습니다. 거기에 인격적 개체 – 즉 육체 속에 있는 영원 불변한 것 – 는 없습니다."
왕이 다시 물었다.
"그대여 만약 인격적 개체가 없다면 계를 지키는 자, 수행에 힘쓰는 자, 열반에 이르는 자, 살생을 하는 자, 남의 것을 훔치는 자, 세속적인 욕망 때문에 바르지 못한 행위를 하는 자는 누구입니까? 그리고 만약 인격적 개체가 없다면, 공도 죄도 없으며, 선행과 악행의 과보도 없을 것입니다. 설사 그대를 죽이는 자가 있더라도 살생의 죄는 없을 것입니다. 그렇다면 나가세나라고 불리는 것은 대체 무엇입니까? 머리털이 나가세나입니까?"

"그렇지 않습니다."

"그대의 몸에 붙은 털이 나가세나입니까?"

"그렇지 않습니다."

"그렇지 않다면, 손톱, 살갗, 살, 힘줄, 뼈, 뼛골, 콩팥, 염통, 간장, 늑막, 지라, 폐, 창자, 위, 똥, 담즙, 담, 고름, 피, 땀, 지방, 눈물, 침, 콧물, 관절속의 액체, 오줌, 뇌들 중 그 어느 것이 나가세나라는 말입니까? 아니면 이들 전부가 나가세나라는 말입니까?"

나가세나 존자는 그 어느 것도, 그 전부도 아니라고 대답했다.

"그렇다면 물질적인 형태色나, 느끼는 작용受이나, 표상의 작용想이나, 형성하는 작용行이나, 식별하는 작용識이 나가세나입니까?"

나가세나 존자는 이 역시 그 어느 것에 대해서도 아니라고 대답했다.

"그렇다면 이들 색色, 수受, 상想, 행行, 식識을 모두 합친 것, 즉 오온五蘊이 나가세나입니까?"

"그렇지 않습니다."

"그러면 오온을 제외한 어떤 것이 나가세나입니까?"
나아가세나 존자는 여전히 아니라고 대답했다.

"나는 그대에게 물을 수 있는 데까지 다 물어보았으나, 나가세나를 찾아낼 수 없습니다. 나가세나란 빈 소리에 지나지 않습니다. 그렇다면 우리 앞에 있는 나가세나는 어떤 자입니까? 그대는 '나가세나는 존재하지 않는다'고 진실이 아닌 거짓을 말한 것입니다."

그러자 나가세나 존자가 왕에게 반문했다.

"대왕이여, 만약 한낮 더위에 맨발로 뜨거운 땅이나 모래를 밟고 울퉁불퉁한 자갈 위를 걸어 왔다면 발을 상했을 것입니다. 몸은 피로하고 마음은 산란하여 온몸에 고통을 느낄 것입니다. 대왕께서는 걸어서 왔습니까. 아니면 탈 것으로 왔습니까?"

"나는 걸어서 오지 않았습니다. 수레를 타고 왔습니다."
"대왕이여, 수레를 타고 왔다면 무엇이 수레인지 설명해주십시오. 수레의 끌채가 수레입니까?"

"그렇지 않습니다."

"굴대가 수레입니까?"

"그렇지 않습니다."

"바퀴나, 차체나, 차틀이나, 멍에나, 밧줄이나, 바퀴살이나, 채찍이 수레입니까?"

왕은 이 모두를 아니라고 대답했다.

"대왕이여, 나는 그대에게 물을 수 있는 데까지 다 물어보았으나 수레를 찾아낼 수 없습니다. 수레란 단지 빈 소리에 지나지 않습니다. 그렇다면 그대가 타고 왔다는 수레는 대체 무엇입니까? 그대는 '수레는 존재하지 않는다'고 진실이 아닌 거짓을 말한 셈입니다."

그러자 왕이 말했다.

"나는 거짓말을 한 것이 아닙니다. 수레는 이들 모든 것, 즉 수레채, 굴대, 바퀴, 차제, 차틀, 밧줄, 멍에, 바퀴살, 채찍 따위를 가지고 있기 때문에, 그것들에 반연(攀緣 : 마음이 대상에 의지하여 작용을 일으킴)하여 '수레'라는 명칭이나 이름이 생긴 것입니다."

"그렇습니다. 마찬가지로 대왕께서 질문한 모든 것, 즉 인체가 만들어 내는 서른세 가지 물질과 존재의 다섯 가지 구성 요소를 반연하여 '나가세나'라는 명칭이나 이름이 생긴 것입니다. 대왕이여, 이 같은 시가 있습니다."

마치 여러 부분이 모여

수레라는 말이 생기듯,
다섯 가지 구성 요소가 존재할 때
생명 있는 존재라는 이름도 생기네.

명칭이나 이름은 영원 불변한 실체가 있는 것이 아니다. 따라서 우리는 이런 관습적인 명칭들에 의해 사로잡히는 것으로부터 벗어나야 한다. 만약 우리가 모든 사물을 주의 깊게 들여다보면 우리 몸에서 수레를 보게 되고, 수레에서 우리 몸을 보게 된다(《밀린다왕문경》, 서경수 옮김, 민족사, 2009, 31~40쪽 참고).